Jan Lukas Bosse

China. Wenn jemand eine Reise tut…

Jan Lukas Bosse

China. Wenn jemand eine Reise tut...

Aus den Abenteuern eines jungen Freiwilligendienstleistenden in China

Bloggingbooks

Impressum / Imprint
Bibliografische Information der Deutschen Nationalbibliothek: Die Deutsche Nationalbibliothek verzeichnet diese Publikation in der Deutschen Nationalbibliografie; detaillierte bibliografische Daten sind im Internet über http://dnb.d-nb.de abrufbar.

Bibliographic information published by the Deutsche Nationalbibliothek: The Deutsche Nationalbibliothek lists this publication in the Deutsche Nationalbibliografie; detailed bibliographic data are available in the Internet at http://dnb.d-nb.de.

Coverbild / Cover image: www.ingimage.com

Verlag / Publisher:
Bloggingbooks
ist ein Imprint der / is a trademark of
OmniScriptum GmbH & Co. KG
Heinrich-Böcking-Str. 6-8, 66121 Saarbrücken, Deutschland / Germany
Email: info@bloggingbooks.de

Herstellung: siehe letzte Seite /
Printed at: see last page
ISBN: 978-3-8417-7414-9

Inhaltsverzeichnis

Danksagung

Ein großes Dankeschön geht erst mal an alle Menschen, die mich während meines Freiwilligendienstes mit Spenden finanziell unterstützt haben: Nikolaus und Melanie Petersen, Ortrun Petersen, Peter Petersen, Roswitha Allgoewer, Angelika Wendt, Magdalena Weidner, Juliane Kramm, Uwe Kiecksee, Sylvia Brunner, Gerd Meumann, Barbara Berndt, Christoph Petersen, die Sparkasse Salem-Heiligenberg sowie natürlich meine Eltern wären das aus Deutschland. Aus China kommen zu dieser Liste noch foglende Personen dazu: Yanhong Wheeler, Kathy Hu, Chunhua Zhang, Wang Yuzhang, Huang Mingyu, Zhang Tiange, Cheng Xiaohui, Zheng Junrui, Guao Xiaodong, Lili, Fanmin, Wenjin, Zhao Lingyun.

Nicht unerwähnt bleiben dürfen die Namen jener unzähligen Helfer, die mir bei der Organisation des Freiwilligendienstes oder während meines Aufenthalts in China geholfen haben: Peter Schmidt, er half, mir den Kontakt zu der Schule in Peking herzustellen. Kathy Hu, sie leitet die Schule in Peking und hat mich dorthin eingeladen und mir natürlich in unzähligen Situationen geholfen. Wing Liu und Qing Xiaowu, sie haben den Aufenthalt in China durch ihre Anwesenheit in der Schule, ihre endlosen Diskussionen mit mir über Gott und die Welt und ihre Hilfsbereitschaft in allen Situationen meinen Aufenthalt und das Leben in der Schule überhaupt erst lebenswert gemacht. Zhang Chunhua, sie hat mir geduldig immer wieder geholfen, den notwendigen Papierkram für die chinesischen Behörden auszufüllen, CD Jia-Jungermann, er lud mich das erste Mal nach China ein. Sam Su, er hat mir das ländliche China gezeigt (nachzulesen im Kapitel „Heute hier, Morgen dort“) und mir gezeigt, was für gute Freunde Chinesen sein können. In diese illustre Liste gesellt sich auch noch mein Patenonkel Cyrus, der sich als Lektor dieses Manuskriptes angenommen hat und so manche Kommas an die grammatikalisch richtige Stelle geschoben hat. Last but not least meine Familie, die mich während des ganzen Jahres moralisch (und finanziell) unterstützt hat.

Es werde Licht!

Und es ward Licht. Wie ich das erste mal nach China kam

Manchmal wenn ich wieder auf Reisen bin und in eine interessante Konversation vertieft bin mit jemandem, den ich auf dem Weg getroffen habe, werde ich nach einer Geschichte über mich gefragt. Nach Möglichkeit nach einer Geschichte, die einen wichtigen Einfluss auf mein Leben hat. Glücklicherweise gibt es diese Geschichte tatsächlich und sie lässt sich auch schön chronologisch erzählen. Hier ist die Geschichte davon, wie ich das erste mal nach China kam.

Es war der Sommer des Jahrs 2009 als ein eher dünner und sozial ungeschickter Junge mit einem großen Interesse an Technik und Physik gelangweilt in der letzten Reihe einer Kunstgeschichtsstunde saß und nur auf das Ende der Stunde wartete. Aber vor Stundenende erschienen überraschend zwei ältere Schüler vor der Klasse und fragten, wer hier denn daran interessiert sei, dem Beleuchtungsteam der Schule beizutreten. Besagter Nerd dachte über das Angebot nach, es bedeutete weniger Freizeit aber die Möglichkeit mit den „coolen“ Jungs von der Beleuchtung abzuhängen und entschied sich, die Hand zu heben. Damals wusste er noch nicht, dass diese erhobene Hand einen guten Teil seines Lebens entscheiden sollte.

Also trat ich dem Beleuchtungsteam meiner Schule bei und begann, auf einer großen aber technisch veralteten Bühne zu arbeiten, zusammen mit zehn jungen Menschen mit einer ähnlichen Mentalität und Einstellung gegenüber Technik. Nachdem ich mich daran gewöhnt hatte, die meisten meiner Wochenenden in der Schule auf einer schummrigen Bühne zu verbringen, begann ich immer mehr Spaß an der Arbeit zu haben und war ziemlich schnell ziemlich gut dabei. Deshalb brauchte ich auch nur ein Jahr, um Vizechef des Teams zu werden und den Chef des Teams bei der organisatorischen Arbeit zu unterstützen. Das bedeutete hauptsächlich, dass ich alle anderen Beleuchter motiviert halten musste und den jüngeren die Grundlagen der Beleuchtungskunst beibringen durfte. Offenbar machte ich diesen Job gut, denn ein Jahr später wurde ich Chef des Teams. Nun liebte ich die Arbeit mit dem Team um so mehr und sie war mehr oder weniger der einzige Grund, warum ich auf der Waldorfschule Überlingen

Die Arbeit in einem Team und *wirkliche* Verantwortung lehrten mich mehr als drei Jahre Unterricht an der Schule es in der selben Zeit vermochten

blieb. Denn nun durfte ich noch größere Verantwortung übernehmen und ein Team leiten, dass komplett auf freiwilliger Basis arbeitete, welches man also nicht mit Geld motivieren konnte. Des weiteren war ich nun beim Verhandeln mit Lehrern über Freistellungen von Beleuchtern auf Augenhöhe mit den diesen, was sich ziemlich gut anfühlte. Außerdem wusste so ziemlich jeder an der Schule, der mit der Bühne zu tun hatte, dass ich derjenige war zu dem man gehen musste, wenn man Licht brauchte. Unnötig zu sagen, dass dies meinem Selbstbewusstsein einen ordentlichen Schub gab und die soziale Ungeschicklichkeit nun beinahe verschwunden war.

Mit Beginn der zwölften Klasse war es aber leider an der Zeit, mich vom Beleuchtungsteam zu trennen, um mich auf die Schule zu konzentrieren. Ein harter Schritt für mich, denn es ist immer schwer etwas zu verlassen, das man aufgebaut hat. Zu allem Überfluss liefen zu dieser Zeit auch die Vorbereitungen für eine „super wichtige“[1] Eurythmieaufführung und ich wurde gebeten, die Beleuchtung zu übernehmen. Aber ich musste ablehnen und gab mein Wort, dass die jüngere Beleuchtergeneration den Job genau so gut machen könne. Man vertraute meinem Wort aber nicht und mir kam zu Ohren, dass die Eurythmiegruppe darüber nachdachte, *den* Profi für Eurythmiebeleuchtung den Job machen zu lassen. Nun überdachte ich die ganze Sache noch einmal, denn *den* Profi für Eurythmiebeleuchtung einzustellen bedeutet eine Menge Geld auszugeben. Ein kleiner Teufel flüsterte mir ins Ohr, dieses Geld könne doch auch an mich ausgegeben werden. Es war kein kleiner Engel da, der mich davon abhielt zu versuchen den Job jetzt doch zu kriegen. Gier gewann also, und ich kontaktierte die Leiterin der Eurythmiegruppe und bot an, die Beleuchtung doch zu übernehmen unter der Bedingung nicht wie ein Schüler, sondern wie ein Profi bezahlt zu werden. Nach einer ganz kurzen Verhandlung, mir wurde von Anfang an ein Betrag genannt, der höher war als mein Startangebot gewesen wäre, hatte ich den Job. Diesen machte ich zur Zufriedenheit aller mit gewohnt hoher Qualität und während des Einleuchtens fragte mich die Leiterin der Gruppe, ob ich interessiert daran sei, während der Sommerferien für sechs Wochen nach China zu gehen und dort in einem Ferienlager zu arbeiten. Leider hatte ich schon andere Pläne für den Sommer und lehnte ab. Dennoch frage sie mich wenige Wochen wieder und diesmal dachte ich besser über das Angebot nach und nahm an. Ich sandte also meine Bewerbung für den Job als Betreuer in einem Wal-

Wenn man es schlecht klingen lassen will, kann man sagen Gier brachte mich nach China

1 „super wichtig“ in den Augen der Planenden

ler[3]. Neben der Anthroposophie wurden aber auch noch Themen wie „Krisen und Konflikte“, „(interkulturelle) Kommunikation“, „Vorurteile“, die eigene „kulturelle Identität“, die Beschäftigung mit den eigenen Stärken und vor allem Schwächen und die Arbeit mit Behinderten behandelt. Ich habe hier zwar sicher das eine oder andere Thema vergessen, aber ich denke ihr könnt euch aufgrund der Aufzählung eine gewisse Vorstellung davon machen, wie in etwa die Inhalte des Seminars aussahen. Die Form hingegen war nicht so dröge, wie ich zuerst befürchtet hatte! Nun dazu:

Und was musstet ihr dort machen?

Der erste Tag begann in etwa ziemlich genau so, wie ich es erwartet hatte: Mit einer Rallye, bei der wir in Gruppen verschiedene Aufgaben hatten, wie z.B. händchenhaltend über eine Schnur zu kommen, ohne diese zu berühren oder neun Leute mit sechs Colakästen über einen reißenden Fluss zu bringen, ohne das Wasser zu berühren. Interessanter wurde das Seminar für mich dann wenig später, als wir uns mit unserer kulturellen Identität beschäftigen sollten und im Zweiergespräche herausfinden sollten, was uns geprägt hat. Bevor ich jetzt im Detail auf alle Aktivitäten im Vorbereitungsseminar eingehe, kürze ich das jetzt aber ab und sage nur etwas zur Form.

Die eine Hälfte Themen wurde in kleineren Diskussionsrunden behandelt, bei denen wir unsere eigenen Erfahrungen und unser Wissen einbringen sollten. Diese Diskussionen verliefen in etwa so: Es gab ca. drei mehr oder weniger intelligente Hauptthesen zum Thema, die zu Beginn von ca. drei Teilnehmern aufgestellt wurden. Dann wurden diese von zu vielen Teilnehmern in verschiedenen Variationen erneut vorgetragen. Dann kam ein kurzes Zwischenspiel der Teamer, die versuchten die Diskussion in die gewollte Richtung zu lenken. Dann begann das Spiel in dieser Richtung von neuem. Und schließlich endete nach mehrmaliger Wiederholung aller Thesen und Beiträge die Diskussion ohne befriedigendes Ergebnis.[4] Ich denke es ist unnötig, hier auf die Par-

Je mehr ich mich auf das Seminar einließ und je weiter das Seminar fortschritt, umso interessanter wurde es und umso mehr lernte ich auch über mich.

3 Einmal davon abgesehen, dass ich auch als Waldorfschüler nie viel von den Grundlagen der Anthroposophie mitbekommen habe.

4 Nichtsdestotrotz kann ich es mir nicht verkneifen, darauf hinzuweisen dass ich am Ende für die anregendsten Diskussionsbeiträge ausgezeichnet wurde.

allelen zur Diskussions- und Entscheidungsfindungskultur an Waldorfschulen hinzuweisen.[5]

Die andere Hälfte der Themen wurde mithilfe von verschiedenen Spielen eingeführt. Beispiel „(interkulturelle) Kommunikation“: Alle Teilnehmer wurden in 10 Gruppen aufgeteilt und sollten, unter geltendem Schweigegebot, in diesen Gruppen ein skatähnliches Spiel spielen. Nach jeder Runde ist ein Teilnehmer zur nächsten Gruppe gegangen, die nach leicht anderen Regeln spielte. Darauf folgte eine Diskussion über den Spielverlauf und unsere Erfahrungen dabei. Aber deren allgemeinen Verlauf habe ich ja bereits beschrieben.

Nachdem das jetzt eventuell, vor allem für die Menschen, die mich nicht erst vor zwei Wochen kennen gelernt haben und sich demnach ein nicht mehr aktuelles Urteil über mich gebildet haben und deshalb diesen Text unter Einbeziehung ihres bisherigen Urteils über mich lesen, etwas kritisch und negativ klang, will ich nun unbedingt die positiven Seiten des Seminars hervorheben. Von denen gab es nämlich nicht allzu wenige! Es gab eine sehr gute und informative Einheit zur Waldorfpädagogik, bei der mir so manches über die vergangenen 13 Jahre klar wurde. Besonders interessant und hilfreich waren aber neben der Beschäftigung mit sich selbst und der eigenen kulturellen Identität, also den Vorbelastungen mit denen wir in den Dienst gehen, die Urteile der anderen über uns. So gab es am Ende eine Feedbackrunde in Dreiergruppen bei denen wir einander von unserem ersten Eindruck voneinander berichteten und uns sagten, welchen persönlichen Herausforderungen wir wohl während des Dienstes begegnen werden. Bereits hier hatte ich das Gefühl, ich habe andere Dinge über mich gehört, als meine Klassenkameraden mir über mich erzählt hätten!

Mir ist es noch nie passiert, dass mich von 50 Personen nur zwei nervten.

Freizeit

Neben des Inhalten des Seminars, die gegen Ende immer interessanter wurden, wurde auch die Freizeit immer lustiger, spannende und abwechslungsreicher, je länger wir uns kannten!

Durch die gleiche Interessenlage, ein Jahr ins Ausland zu gehen, verstanden wir uns fast alle sehr gut. Genau genommen ist es mir noch nie passiert, dass ich aus einer

5 Sagte er, und machte es trotzdem.

Gruppe von 50 Menschen nur zwei „nicht ab konnte“ und eine davon „konnte nichts dafür“. Weitere Namen oder Details muss oder sollte ich hier jetzt nicht nennen. Aufgrund des Gruppenfindungsprozesses habe ich auch meine 5-Tage-These entwickelt:

Diese besagt, dass eine Gruppe von Menschen, die sich noch gar nicht kennt, ca. 5 Tage braucht um sich zu finden und zu ordnen. Innerhalb dieser fünf Tage kann jede Person noch, innerhalb ihres „Reaktionsrahmens“ ihre Rolle ändern und definieren. Nur habe ich nur zwei Beispiele um diese These zu stützen: Die Erfahrungen im Vorbereitungsseminar und die Erfahrungen im Waldorf Summer Camp letztes Jahr. Hat jemand von euch andere oder ähnliche Erfahrungen gemacht? Ich würde mich über eine Antwort freuen! Bitte schickt mir diese per E-Mail, da Facebook hier in China erfolgreich geblockt ist.

Was habt ihr für Erfahrungen in Gruppenordnungsprozessen gemacht?

Persönliches und Trivia

Nachdem ich in der Schule erzählt hatte, dass ich vorhabe, ein Jahr lang nach China zu gehen, war ich ziemlich schnell „der Chinese“. Auch in dem Vorbereitungsseminar wurde ich ab und an „der Chinese“ genannt und vor allem wurde mir mehrfach gesagt, dass es zu mir passe, dass ich nach China wolle. Dadurch bin ich einfach neugierig geworden, woran das liegt. Wer kann mir sagen, woran es liegt, dass alle denken ich sei der Richtige, um nach China zu gehen?

Wenn ihr mir noch irgendetwas anderes mitzuteilen habt, zögert nicht, mir eine Mail zu schreiben. Und wenn es etwas politisch Subversives ist, was ihr nicht unbedingt mit der chinesischen Regierung teilen wollt, findet ihr meinen öffentlichen PGP-Schlüssel auf dem Keyserver keys.gnupg.net und könnt mir gerne auch euren PGP-Schlüssel schicken.

Noch etwas an Familie und enge Freunde, die nicht auf dem Seminar waren: Es kann sein, dass es in erster Zeit vor allem eine kommunikative Einbahnstraße gibt. Heißt: Ihr bekommt meine Berichte, aber ich habe evtl. noch nicht so viel Bock, ausführlicher mit euch zu telefonieren oder zu chatten, da ich erst einmal in China ankommen und dabei möglichst wenig in Deutschland hängen bleiben will.

Zwischen den Welten...

...muss die Einsamkeit wohl grenzenlos sein.

Es war am Abend vor meinem Abflug: Mein Großvater, bei dem ich meine letzte Nacht in Deutschland verbrachte, war bereits zu Bett gegangen und ich wollte mir eine letzte Zigarette[1] gönnen, da ergriff mich ein erschütterndes Gefühl von Einsamkeit. Normalerweise sitze ich mit beiden Füßen fest auf dem Boden und leicht geöffneten Knien wenn ich rauche. Aber an diesem Abend schloss ich intuitiv die Beine und setzte die Füße nur mit den Zehenspitzen auf dem gegenüberliegenden Stuhl auf, um meine Arme darum schlingen zu können. Es war dieser Moment, in dem ich alle Menschen, die ich bisher persönlich kennen und lieben gelernt habe, für ein Jahr nicht mehr sehen würde und nur noch Menschen sehen würde, mit denen ich noch nicht einmal telefoniert hatte. Es war dieser Moment des maximalen Bruchs in meinem Leben, in dem mich diese erschütternde Einsamkeit traf. Ich war nun komplett auf mich selbst reduziert. Alle Menschen, deren Beziehungen zu mir auch einen Teil von mir ausmachten, zählten nicht mehr.

Die letzte Zigarette in Deutschland löste ein erschütterndes Gefühl der Einsamkeit in mir aus!

Nur 36 Stunden später sah mein Gefühlsleben komplett anders aus. Ich war in einem ziemlich luxuriösen Haus, welches bewacht von einer Mauer und einem privaten Sicherheitsservice in einem Pekinger Vorort steht. Dort verzehrte ich, zusammen mit einem trinkfreudigen Amerikaner, einem ebenso geselligen Chinesen und einem interessanten, intellektuellen Briten ein ansprechend scharf gewürztes chinesisches Abendessen und hatte das Gefühl, dass ein absolut erfahrungsreiches Jahr vor mir liegt.

Abschied nehmen ist wirklich kein Spaß!

Dies waren nun die beiden Extrempunkte der Gefühlsachterbahn, die ich in den letzten 3 Wochen abgeritten bin. Ich will nun die komplette Fahrt kurz rekapitulieren: Angefangen hat die Fahrt mit einem etwas enttäuschenden Schulabschluss[2], bei dem

1 Ganz gemäß dem Motto: Und was ich noch zu sagen hätte, reicht für eine Zigarette und ein letztes Glas im stehen... (Diese Fußnote hättest du, Papa, vermutlich nicht lesen müssen.)

2 Und bevor jetzt jemand sagt „Dein Schnitt ist doch ganz in Ordnung“ muss ich sagen: Nein, ist für meine Verhältnisse absolut nicht. Mit mehr Lernen meinerseits und einer guten Abivorbereitung seitens der Schule, wäre weit mehr möglich gewesen!

es erst mal nach unten ging. Aber bereits wenige Stunden später startete die „Abicalypse“, unser absolut epischer Abischerz mit lauter Musik und Party im Schulfoyer und der großen „Abiskills-Gameschow“ für die Lehrer[3] am nächsten Tag. Direkt nach dem Ende des Abischerzes musste ich aber bereits den meisten meiner Klassenkameraden „Tschüss und bis in frühestens einem Jahr“ sagen, was mich den Tränen zumindest nahe gebracht hatte.

Am folgenden Wochenende war ich nur mit dem Packen meiner Sachen beschäftigt und den Sorgen darum, ob ich alles Notwendige mitnehmen kann. Also die ganz normalen Sorgen. Am Dienstagmorgen danach musste ich mich aber auch von meiner Familie verabschieden. Ganz formlos und am Frühstückstisch, jeden wenn er los zur Schule oder Arbeit musste. Dies war verständlicherweise noch härter als der Abschied von meinen Klassenkameraden.[4] Da ich nicht wusste, was mich auf dem Vorbereitungsseminar erwarten würde, war der Abschied besonders hart, da ich dachte, es würden nur noch zwei unnütze Wochen vor mir liegen. Über das Vorbereitungsseminar habe ich ja schon berichtet, deshalb hier nur Folgendes: Es war definitiv ein hoch auf der Achterbahnfahrt. Aber der letzte richtige Abschied in Deutschland, von den neu gewonnen Freunden, war beinahe so hart wie der von meiner Familie.

Die letzten zwei Wochen in Deutschland bescherten mir die härteste Gefühlsachterbahnfahrt meines Lebens

Auf dem Flug gab ich mir dann noch einmal die volle emotionale Abschiedsdosis, deren sichtbaren Folgen meine chinesische Sitznachbarin sichtlich irritierten. Am vorletzten Tag des Vorbereitungsseminars haben wir uns gegenseitig eine „Backmail“ geschrieben. Das funktioniert wie folgt: Jeder hat ein leeres Blatt Papier auf seinem Rücken kleben und alle anderen schreiben darauf, was ihnen besonders an einem gefällt, was sie einem während des nächsten Jahres wünschen und andere nette Dinge. Zusätzlich zu dieser „Backmail“ habe ich noch einen Abschiedsbrief von meinen Eltern erhalten. Nun saß ich also im Flugzeug nach Peking und beschloss, diese beiden Briefe zu lesen. Und diese Lektüre von den Abschiedsbriefen der Menschen, die mir in letzter Zeit am nächsten standen, war dann definitiv eine emotionale Überdosis.

3 Für Nichteingeweihte: Bei dieser Gameshow mussten die Oberstufenlehrer in Disziplinen wie „Eurythmiescharade“, „Kunst verkaufen“ oder „Schubert verstehen“ (unser Deutsch- und Geschichtslehrer Herr Schubert tendierte dazu, sich nicht ganz klar auszudrücken) gegeneinander antreten.

4 Englisches Understatement...

Ankommen dagegen schon!

Auf diesen Tiefpunkt meiner emotionalen Achterbahnfahrt folgte dann aber der Empfang in China, der umso herzlicher war. Zuerst suchte ich am Flughafen noch etwas planlos nach einer Person, die mich abholen sollte. Dann las ich irgendwo auf einem der Schilder die chinesischen Zeichen 华德福, welche übersetzt „Waldorf" bedeuten. Das klang natürlich erst mal gut, auch wenn ich verwundert war, dass man mich mit chinesischer Schrift empfängt. Tat man auch nicht. Denn es stellte sich heraus, dass die Person mit diesem Schild gar nicht auf mich wartete, sondern auf die Kinder des Ferienlagers, über das ich letztes Jahr zum ersten mal nach China gekommen war. So konnte ich zufälligerweise schon am Flughafen die ersten bekannten und befreundeten Gesichter wieder sehen! Wenig später tauchte dann auch die Person auf, die mich tatsächlich abholen wollte und fuhr mich in das eingangs erwähnte streng bewachte Stadtviertel in ein ziemlich nobles Restaurant. Dort gab es dann Mittagessen, auch wenn es für mich gerade erst sieben Uhr morgens war und ich die Nacht durch nicht geschlafen hatte und ich lernte die ersten Kollegen von der Waldorfschule und zwei Lehrer aus England und den USA kennen, die für das Lehrerseminar dort zur Zeit in China sind.

Es wird definitiv ein interessantes und radikal anderes Jahr

Es war ein sehr herzlicher Empfang dort, der mir gleich das Gefühl gab, willkommen zu sein und einen äußerst spannendes Jahr vor mir zu haben.

Beijing Nanshan Waldorfschule

Wie und vor allem wo ich hier lebe

So, dieser Bericht ist jetzt vielleicht nicht ganz so spannend wie die vorigen, aber ich denke er ist trotzdem wichtig, um euch ein Bild davon zu geben, wie und wo ich hier lebe. Eines der wenigen Dinge die aus Herr Schuberts Deutschunterricht bei mir hängen geblieben sind, abgesehen von „Eure Hoffnung war sinnlos, euer Ausharren sinnlos, eure Aufopferung Dummheit, euer ganzes Leben nutzlos vertan“, ist folgendes: Von außen nach innen! Deshalb will ich mit einer Beschreibung des Stadtteils, eher Dorfes im Vergleich zu Beijing beginnen und dann die Schule kurz beschreiben.

Xingshouzhen

Weiter draußen geht nicht!

Als ich das erste Mal die Adresse der Schule in geschriebener Form vor mir hatte, bin ich natürlich sofort auf Google-Maps gegangen, um ein grobes Bild zu bekommen. Dummerweise kommt Google-Maps mit chinesischen Namen nicht so wirklich klar, und ich konnte nur den Stadtteil ausfindig machen. Der war Changping und ich hatte demnach zuerst erwartet, nordwestlich von Beijing zu landen. Nun ja, wie ihr auf dem Screenshot sehen könnt, bin ich eher nördlich von Beijing gelandet. Und zwar ca. 40 km vom Zentrum entfernt, oder 2 Stunden in öffentlichen Verkehrsmitteln!

Dies wurde mir auf meinem ersten Ausflug in die Stadt bewusst. Es war ein äußerst interessanter Trip, auf dem ich innerhalb von zwei Stunden von der zweiten in eine (andere) erste Welt gefahren bin. Die Reise begann in einem relativ klapprigen Bus und einem Umstieg, bei dem ich mir erst nicht sicher war, ob ich im richtigen Bus gelandet war. War ich aber glücklicherweise, und eine Stunde später spuckte mich der Bus an der U-Bahnstation Tiantongyuan wieder aus. Und diese Station ist – zumindest zur Zeit noch – die richtige Stadtgrenze zu Beijing. Während ich mit dem Bus fuhr, habe ich nur wenige Häuser mit mehr als 2 Stockwerken gesehen, und alles sah etwas nach zweiter Welt aus. Aber ca. 100 Meter hinter der U-Bahnstation schießen die Wolkenkratzer in den Himmel und bilden eine vertikale Stadtgrenze, die sich bis zum Horizont erstreckt[1]. Dieser Bruch in der Landschaft zwischen Hochhäusern und kleinen Hütten ist eine fast surreale Szene, von der ich leider kein Foto habe, da ich aus der U-Bahn nicht fotografieren konnte.

Aber auch während der folgenden einstündigen U-Bahnfahrt veränderte sich die Standlandschaft noch: Die Häuser rückten enger zusammen, wurden etwas älter und im Zentrum wieder topmodern. So viel erst mal zur Lage von Xingshou.

Xinzhuang

Da die Schule ja so weit vom Stadtzentrum entfernt liegt, ist es nicht überraschend, dass sie eher in einem Dorf, als noch in der Stadt liegt. Abgesehen davon, dass ich zwei Stunden bis zur Stadtmitte brauche, ist das aber äußerst angenehm, da es bessere Luftqualität, ein ruhigeres Leben und auch niedrigere Preise zur Folge hat.

Das Dorf an sich ist aber äußerst nett[2]: Nur zwei Minuten Fußweg von der Schule ist ein Kaffee, welches vermutlich demnächst schließen muss, weil abgesehen von uns „Ausländern“ niemand dort hingeht. Außerdem gibt es einige sehr kleine Läden in der Nähe, um uns mit dem aller nötigsten (Eistee, Toilettenpapier und Zigaretten) zu versorgen. Das Leben in der Schule ist also beinahe zu ruhig.

Die Schule und mein Zimmer

Auf dem Foto sind die genauen Umrisse der Schule leider nicht zu erkennen. Die Schule besteht aus den vier Gebäuden unterhalb der Stecknadel zwischen den Straßen östlich und westlich. Allerdings will die Schule im nächsten Jahr in ein richtiges, neues Schulgebäude umziehen und die Gebäude hier für den Kindergarten behalten.

1 Zugegeben, bei normalen Beijinger Luftverhältnissen ist dieser Horizont nicht weiter als ein Kilometer entfernt.

2 Und das im vollen Bedeutungsumfang des Wortes „nett“. Ihr wisst schon, „nett“ ist der kleine Bruder…

Denn momentan sieht hier alles noch nach einem ziemlichen Provisorium aus. Ich selber wohne direkt in der Schule in einem Zimmer mit angeschlossenem „Badezimmer". Genauer gesagt ist eine Toilette an das Zimmer angeschlossen und direkt über der Toilette hängt ein Duschkopf. Da mir hier ein Kühlschrank zur Verfügung steht und zudem die Küche dreimal täglich kocht, lässt es sich hier schon aushalten. Wenn es allerdings noch wärmer werden wird, werde ich wohl noch in eine kleine Klimaanlage investieren.

Das Lehrerseminar
oder: Willst du denn Waldorflehrer werden?

Erstmal dies: Dieser Text ist vermutlich vor allem nur für ehemalige und noch aktive Waldorfschüler interessant. Allen andern Lesern fehlen vermutlich ein paar wichtige Erfahrungen zum Verständnis des Textes, die ich leider in der notwendigen Ausführlichkeit hier nicht wiedergeben kann.

Ich habe mein FJA an der Beijing Nanshan Waldorfschule bereits zu Beginn der chinesischen Sommerferien (und damit noch vor Beginn derselben in Baden-Württemberg) angetreten, da mich die Schulleiterin gebeten hat, schon beim dortigen zweiwöchigen Lehrerseminar anwesend zu sein, um meine zukünftigen Kollegen kennen zu lernen und auch noch etwas theoretische Waldorfpädagogik mitzunehmen. Praktische Erfahrung mit ihr hatte ich nach 13 Jahren Waldorfschule ja genug. Demnach kam ich also bereits am 13. Juli in der Schule an und nahm an dem Lehrerseminar dort teil, da auch der Deutschunterricht dort Teil meiner Aufgaben als Freiwilliger sein wird.

Zukünftige Kollegen kennen lernen

Als ich in China ankam, umfasste mein chinesischer Wortschatz stolze 300 Worte, also nicht allzu wenig. Allerdings war ich nur in der Lage, diese 300 Worte zu lesen, nicht sie im Gespräch immer zu verstehen oder selber immer richtig auszusprechen. D.h. Ich verstehe bisher nur einen Bruchteil (also unter einem Zehntel) von dem, was um mich herum gesprochen wird. Und wenn ich etwas verstehe, dann sind es meistens nur Satzfragmente. Da die Geschäftssprache an der Schule natürlich Chinesisch ist, fiel es mir bisher schwer, mit den meisten Lehrern in Kontakt zu kommen.

300 Wörter zu können, ist hier erstmal nicht allzu viel Wert

Eine willkommene Ausnahme davon sind meine direkten Nachbarn in der Schule: Wing und Xiao Wu sind ein Lehrerehepaar, das nur einen Tag vor mir in der Schule eingezogen ist. Da Wing aus England kommt, sprechen sie beide auch hauptsächlich Englisch. Er wird Werken und Englisch unterrichten, während sie vermutlich im Büro arbeiten wird. Da wir die einzigen Laowai (Ausländer) sind, die in der Schule leben, leben wir quasi wie in einer WG, davon abgesehen, dass jeder sein eigenes „Badezimmer“ hat[1]. Ein gemeinsamer Freund von uns ist der Englischlehrer der Schule

1 Auch wenn ich es bevorzugen würde, wenn wir nur eins hätten, das dann doppelt so groß wäre

Kenny, welcher von den Philippinen kommt und auch besser Englisch spricht als Chinesisch. So bilden wir in gewisser Weise eine Ausländerclique in der Schule, geeint durch die Herkunft und das junge Alter. Allerdings bin ich mir nicht mal sicher, ob Kenny und Wing tatsächlich so viel jünger sind als die anderen Kollegen. Sie wirken einfach jünger.

Mehr über die Waldorfpädagogik lernen

Die Inhalte des Seminars

Der typische Tagesablauf während des Lehrerseminars sah in etwa so aus: Um halb neun begann der erste Block, in dem es um Rudolf Steiners allgemeine Menschenkunde ging. D.h. wir erfuhren über Steiners Auffassung von der Dreigliederung des Menschen in Körper, Geist und Seele und welche Schlüsse er daraus zog: Z.B. den, dass der Mensch nicht mit den Primaten verwandt ist, da diese keinen Geist wie wir Menschen besitzen[2] und dass demnach auch unsere DNA in einem noch nicht entdeckten Punkt grundlegend anders aufgebaut sein muss als die der Primaten.

Darauf folgte dann ein eher praxisorientierter Block, in welchem über verschiedene Fächer gesprochen wurde und es wurden Anregungen gegeben, wie man diese an einer Waldorfschule unterrichten kann. Hierbei erinnerten mich nur leider die Einheiten zum Astronomieunterricht zu sehr an meinen Astronomieunterricht in der sechsten Klasse: Die Astronomie wurde zu viel mit der Astrologie vermischt und alles wurde in einem geozentrischen Modell betrachtet. Zumindest letzteres mag pädagogisch ja sinnvoll sein, aber ich war bereits in der sechsten Klasse zu gut vertraut mit dem heliozentrischen Modell, als das ich ohne weiteres an einem Unterricht teilnehmen konnte, in dem alles im geozentrischen Modell betrachtet wurde.

Leider ist mir im Lehrerseminar zu viel Esoterik begegnet und ich bin gerade aufgrund meiner Wahldorfvergangenheit allergisch dagegen

Nach einem Block zur Gestaltung des Werkunterrichts in der Waldorfschule, in dem ein Werklehrer aus den Staaten uns verschiedene Werkprojekte vorstellte, ging es abends weiter mit dem Wissen um die höheren Welten und wie man von ihnen erfährt durch Wahrnehmungsübungen und Meditation.

und halb so stinkig...

2 Ich weiß jetzt nicht sicher, ob das Steiners Auffassung ist, oder nur die des Vortragenden.

Alles in allem ist mir in diesem Lehrerseminar leider mehr von dem begegnet, was mich an der Anthroposophie immer abgestoßen hat, nämlich die Esoterik und Realitätsverkennung mancher Waldorflehrer, als von dem, was ich an ihr mag, nämlich den menschlichen Umgang mit dem einzelnen Kind und die ganzheitliche Erziehung. Aber ich wusste ja, worauf ich mich einlasse, als ich mich entschied, mein FJA in einer Waldorfschule zu absolvieren.

Kurz: Es macht einfach keinen Sinn einen 19-jährigen wie mich mit einem ähnlichem sozialen Hintergrund und einer ähnlichen Haltung gegenüber Esoterik in ein Waldorflehrerseminar zu stecken. Und um auf die Frage im Titel zurück zu kommen: Diese wurde mir gestellt, als ich erklärte, dass ich schon so früh nach China musste, um am Lehrerseminar teilzunehmen. Und die Antwort ist: Nein, ich will kein Waldorflehrer werden, nicht mit diesem esoterischen Überbau.[3] Ironischerweise war es die Waldorfschule selbst und das dazugehörige soziale Umfeld, welche mich so kritisch gegenüber der Esoterik machten.

3 Und auch nicht mit der Bezahlung. (Ja, manchmal bin ich ganz materialistisch)

卢卡斯 - **Lu-Ka-Si**

Was ich so gemacht habe die letzten 9 Monate an der Schule

Endlich bin ich genervt genug von meiner eigenen Faulheit, um endlich den schon lange überfälligen Bericht über meine Arbeit an der Nanshan Waldorf School zu schreiben.
Ich bin mir sicher, dass viele Leser jetzt enttäuscht von der Länge, bzw. dem Fehlen jeglicher Länge in diesem Bericht sind und denken, ich mag die Arbeit an der Schule nicht. Das ist so definitiv nicht wahr; Ich mag die Arbeit hier und vor allem die Schüler! Es gibt nur einfach nicht so viel darüber zu erzählen, wie über meine Reiseabenteuer.

Jetzt gibt es erst einmal eine Erklärung zu dem komischen Titel dieses Berichts. Nachdem ich daran gescheitert bin den Schülern und auch den Lehrern, die korrekte Aussprache meines Namens beizubringen, wurde ich einfach 卢卡斯/Lu-Ka-Si genannt. Nachdem ich diese seltsame chinesische Version meines Namens mit dem extra „I" nach dem letzten Konsonant oft genug gehört habe, habe ich alle Hoffnung „Jan Lukas" genannt zu werden fahren gelassen. Sogar für die Englischlehrer ist der „Jan" nicht existent und ich kann um so weniger auf eine deutsche Aussprache von „Lukas" hoffen. Ich bin hier einfach Lu-Ka-Si geworden

Deutschunterricht

Bis eine Woche vor Beginn des Schuljahres war es geplant, dass ich in allen fünf Klassen Deutsch unterrichten sollte. Dieser Plan wurde dann aber geändert, weil kurzfristig noch eine Japanischlehrerin gefunden wurde und aufgrund meiner ach so großen Lehrerfahrung. Also nahm ich nur am Morgenkreis der fünften Klasse teil und machte dort mit den Schülern kurze, einfache Sprachübungen, Lieder und Zungenbrecher. Zwar war das ganze halbwegs spaßig für mich und nicht zu verhasst bei den Schülern, aber die Sinnlosigkeit war doch allen Beteiligten klar und so wurde es nach dem Frühlingsfest abgesetzt.

Holzwerken

Noch vor Schuljahresbeginn machte mich unser Werklehrer aus England zu seinem Gehilfen und Azubi. Als erstes bauten wir gemeinsam eine komplett neue Werkstatt, in der wir die meisten Möbel selber schreinerten. Daran arbeitete ich beinahe das komplette Schuljahr jeden Morgen weiter und baute mehr und mehr Schränke, Werkzeughalter, Werkbänke etc. Deshalb war die Arbeit in der Werkstatt auch meine größte Aufgabe an der Schule. Ich fand sogar die Zeit mir einen eigenen Notenständer aus einem rohen Stück Kirschholz zu bauen.

Daneben nahm ich auch an den Holzwerkstunden der Fünftklässler als Hilfslehrer teil, um sicher zu stellen, dass sich die Schüler nicht mehr selber weh tun als notwendig und um zu lernen, dass Messer gefährlich sind. Das war meistens eine sehr befriedigende Arbeit, da ich nun endlich selber in der Position des Lehrers war, der sagt „Nein, das ist so noch nicht fertig. Du musst hier, dort und dort noch etwas schleifen". Doch nach einer Weile wurde es doch etwas ermüdend, wenn die Schüler wieder und wieder kamen und fragten 老师，可以了吗？[1] ohne sichtbaren Fortschritt an ihrem Werkstück, seit dem letzten mal als sie kamen, gemacht zu haben. Aber es war eine sehr gute Gelegenheit, um die Schüler und ihre Arbeitsmoral besser kennen zu lernen.

Leider konnte ich im zweiten Halbjahr nicht mehr den Assistenzlehrer spielen, weil ich während der Werkstunden die Gitarrenstunden vorbereiten musste, die direkt im Anschluss statt fanden

Gitarrenunterricht

Da ich im ersten Halbjahr bei weitem nicht genügend Arbeit hatte, und streng genommen immer noch nicht habe, entschied ich mich irgendwann im Herbst, einfach zu den Musikstunden zu gehen, um zu schauen wie ich dort helfen kann. Zwei Wochen später wurde mir gesagt, dass ich ab sofort zusammen mit einer chinesischen Kollegin die Gitarrenstunden geben sollte. Voller Elan begann ich die Gitarrenstunden vorzubereiten, mir wurde aber bald klar, dass das Lehren von Gruppen deutlich anspruchsvoller ist, als das Lehren von einzelnen Schülern. Auch jetzt denke ich noch, dass es beinahe unmöglich ist, einer Gruppe von 12 Kindern gleichzeitig Gitarre spielen beizubringen und dabei sicher zu stellen, dass alle eine wenigstens akzeptable Technik entwickeln und alle Schüler genügend Aufmerksamkeit bekommen. Ein weiteres Problem dabei ist natürlich die sehr heterogene Verteilung von Talent, die es sehr schwer macht, eine Stunde zu geben die für alle Schüler interessant und auf dem

1 Lehrer, ist es okay so?

richtigen Level ist. Gut, das sind wohl Beschwerden, die jeder Lehrer in jedem Fach hat.

Nach dem Frühlingsfest begannen dann alle Fünft- und alle Viertklässler, Gitarrenunterricht zu haben. Dies bedeutete mehr Stunden, aber weniger Vorbereitung pro Stunde, da alle Gruppen in etwa auf einem Level sind. Beides Dinge, über die ich froh bin.

Weiteres

Eine Sache, für die Freiwillige immer gut sind, sind die kleinen extra Dinge, bei denen Menschen immer mal Hilfe brauchen können. Das waren so Dinge wie verschiedene Festivitäten zu fotografieren, auf Wanderungen mitzugehen und ähnliches. All diese Dinge mache ich hier natürlich auch und genieße sie, da sie mehr Zeit mit all diesen süßen Kindern außerhalb des Klassenzimmers bedeuten. Eine große Sache in dieser Kategorie kommt noch: Die Klassenfahrt der fünften Klasse, zwei Wochen lang am Yangtse entlang von Chengdu in Zentralchina runter nach Shanghai am Pazifik.

Kalligraphie

Es ist ja wohl offensichtlich, dass ich chinesische Kalligraphie nicht lehren kann, aber ich bin dennoch sehr interessiert daran, Chinesisch schreiben zu lernen. Also entschied ich mich an den Kalligraphiestunden der Fünftklässler teilzunehmen, um wenigstens eine halbwegs akzeptable Handschrift beim Schreiben von chinesischen Zeichen zu entwickeln, nachdem ich daran mit unserem lateinischen Alphabet gescheitert bin.[2] Obwohl meine Zeichen noch Aussehen wie von Drittklässlern geschrieben, ist es sehr interessant, diese zu schreiben. Denn es ist ein ungleich komplexer Prozess, da man einerseits darauf achten muss, jeden einzelnen Strich schön zu setzen mit evtl. etwas dickeren Enden oder einem netten Haken am Ende und andererseits darauf achten muss, alle einzelnen Elemente richtig zu proportionieren und aufeinander abzustimmen, um das visuelle Gewicht gleichmäßig zu verteilen.

2 Tatsächlich hat mein Klassenlehrer das Entziffern meiner Handschrift mal mit den Entziffern ägyptischer Hieroglyphen verglichen.

Zurück zu den Wurzeln

Die Arbeit im World Waldorf Summer Camp nahe Beijing

Vielen von euch dürfte es ja bekannt sein, warum ich mich schließlich für China als Ziel meines FJAs entschieden habe: Ich war bereits letzten Sommer für sechs Wochen in China, um als Betreuer im World Waldorf Summer Camp (http://waldorfcamp.org) zu arbeiten. Dieses Jahr war ich wieder dort als Betreuer und sobald ich die bekannten Gesichter und Gebäude von letztem Jahr sah, fühlte ich mich sofort wieder ein bisschen wie zu Hause. Daher der Titel dieses Beitrags.

Mein Job dort

Mein Tag im Camp sah in etwa so aus: Morgens um sieben Uhr aufstehen und schnell duschen, um dann singend die Kinder zu wecken. Das war aber zumindest in den ersten Tagen etwas sinnlos, da die Kinder bereits seit fünf Uhr wach waren und von den sogenannten Earlybirds auch schon ab fünf Uhr betreut werden mussten, damit sie nicht das ganze Camp aufwecken. Nach einem chinesischen Frühstück, an das ich mich vermutlich das ganze Jahr lang nie gewöhnen werde, begann der Morgenkreis mit viel Singen und Aufgabe und Rätsel des Tages. Danach hatten die Kinder eine halbe Stunde, um ihre Klamotten zu waschen, sich zu duschen oder ihre Betten zu machen. Aber dies sind Dinge, die neunjährige Jungs auch dann nicht gerne machen, wenn man sie explizit dazu auffordert. Also war es unser Job, darauf zu achten, dass zumindest ein Mindestmaß an Hygiene eingehalten wird, was je nach Alter und Geschlecht der Kinder nicht immer einfach war. Ich hatte mit meiner chinesischen Partnerin acht neunjährige Jungs…

Die Betreuer brauchen Ruhe? Die Kinder nicht!

Nach der morgendlichen Wäsche begannen dann die ersten Aktivitäten wie Essstäbchen schnitzen, Wasserfarben malen oder Wasserspritzpistolen aus Bambus bauen. Waldorfkurrikulum halt. Hier zeigte sich dann leider, dass die Kinder, deren Eltern sich das Camp leisten können, meist typische Stadtkinder sind und teils noch nie ein Schnitzmesser in der Hand gehalten haben. Dies äußerte sich im schlimmsten Falle darin, dass das Messer erst mal an der Klinge angefasst wurde und nach Warnung meinerseits dann erst mal mit der stumpfen Seite im 90°-Winkel auf dem Holz geschabt wurde. Aber Ausnahmen bestätigen bekanntlich die Regel und so gab es auch ein paar Jungs, die sehr ordentlich und gewissenhaft arbeiteten. Nach der ersten Aktivität gab es dann

Eine linke Hand ist nicht genug

Mittagessen und danach eine Mittagspause, in der das Camp still sein sollte. War es aber nicht, da die Kinder viel zu laut in ihren Häusern waren und deshalb gab es meistens keinen anständigen – obwohl so dringend benötigten – Mittagsschlaf für die Betreuer.

Nach der eineinhalbstündigen Mittagspause begannen die nächsten Aktivitäten gefolgt von Abendessen, Abendkreis (Singen, Lösung des Rätsels, Singen,..., Märchen.), ins Bett bringen und einem ermüdenden Betreuermeeting. Diese Meetings waren erstens deshalb so ermüdend, weil viele der Chinesen kaum bis gar kein Englisch sprachen und deshalb alles übersetzt werden musste. Der zweite Grund war aber, dass, in den Augen der europäischen Betreuer, die chinesischen Betreuer viel zu viele nicht zielführende Diskussionsbeiträge brachten oder einander unnötig wiederholten. Interessanterweise war es aber in deren Augen genau umgekehrt.

Um diese äußerst anstrengenden Tage nach 22 Uhr (Ende des Meetings) noch zu einem versöhnlichen Abschluss zu bringen, setzten sich dann meistens noch ein paar der jüngeren Betreuer zu einem Bier zusammen, um wenigstens eine Stunde am Tag nicht mit Arbeit oder dem Versuch zu schlafen beschäftigt zu sein. Dies führte dann aber zu entsprechend verkürztem Schlaf und zusammen mit dem äußerst fordernden Job[1] zu absolut ausgelaugten Betreuern in den letzten Tagen, die nichts notwendiger hatten als ordentlichen Urlaub.[2]

Am Ende des Camps war ich meinem Gefühl nach ein wandelnder Toter.

Trotzdem war die Arbeit auch dieses Jahr wieder eine bereichernde Erfahrung und der Umgang mit Kindern – so anstrengend er ist – hat mir wieder Freude bereitet. Genauso wie letztes Jahr war das wichtigste an der Arbeit, dass sie richtige und sinnvolle Arbeit war, die wertgeschätzt wurde.

Trivia

Meine Partnerin dieses Jahr sprach quasi gar kein Englisch und auch von den Kindern sprach keines wirklich Englisch, was mich natürlich zwang, umso mehr Chinesisch zu reden. Dadurch konnte ich natürlich die wenigen Worte die ich bereits kannte,

1 Mir klingt jetzt noch das dauernde „帮我,老师!"(Bang wo, Laoshi! Hilf mir, Lehrer!) in den Ohren. Irgendwann war ich so gestresst davon, dass sich die Kinder schön ordentlich anstellen mussten, bevor sie mir eine Frage, welcher Art auch immer, stellen durften.

2 Okay, das war jetzt eine verkackte Überleitung zum nächsten Bericht der in ca. einer Woche kommen dürfte da: a) Noch einiger Text in diesem Beitrag kommt, bevor ihr überhaupt daran denken könnt, den nächsten Bericht zu lesen. b)der nächste Bericht erst in einer Woche kommt.

enorm festigen, aber nicht allzu viele neue lernen, da ich nicht jederzeit eine Übersetzerin an der Hand hatte. Um mir mit meinem verbesserungswürdigen Chinesisch entgegen zu kommen, imitierten die Kinder bald meinen grauenhaften deutschen Akzent, in der Hoffnung, das mache mir das Verständnis leichter. Hat es aber nicht wirklich, mehr hätte es geholfen, wenn sie einfach langsamer gesprochen hätten.

Obwohl manche von den Kindern doch ganz besonders wichtig waren, war der Respekt gegenüber dem eigenen Betreuer größer, als er bei westlichen Kindern wäre.

Vorhin habe ich mich ein bisschen über die Ungeschicktheit der Kinder im Umgang mit Messern etc. ausgelassen. Eine andere Sache hat mich aber, zumindest letztes Jahr, genauso überrascht: Der Respekt, der den Lehrern gegenüber nach ein paar Tagen gezeigt wird. So musste ich mich nach ein paar Tagen nicht mehr darum kümmern, wenigstens ein hart gekochtes Ei beim Frühstück zu bekommen; Die Kinder hatten mitgekriegt, dass ich Eier gerne esse und gaben mir immer eines. Auch wenn ich um Hilfe für was auch immer bat, sah ich sofort mindestens 4 gestreckte Hände.

Sching Schang Schong

Ich <Poss. part.> Chinesisch <Komp. part.> Du <Pl. part.><Poss. part.> gut.

In jedem Vorurteil steckt bekanntlich ja auch ein Stückchen Wahrheit. Im Falle meiner Anspielung in der Überschrift ist es wahr, dass es im Chinesischen eine Unzahl an unterschiedlichen Zischlauten gibt und alle Wörter aufgrund der Silbenarmut gleich klingen.
Die Unterüberschrift hingegen handelt nicht von der Aussprache des Chinesischen, sondern von der Grammatik, die genauso wenig vergleichbar mit europäischen Sprachen vergleichbar ist, wie die Aussprache.
Aber jetzt eines nach dem anderen:

Die Aussprache

Eines der weniger bekannten Dinge über das Chinesische bei uns ist, dass es nicht nur „shang" gibt, sondern auch „ *shāng*", „*sháng*", „*shăng*" und „*shàng*". Durch die Akzente über den Vokalen wird angezeigt, in welchem der vier Töne des Chinesischen die entsprechende Silbe ausgesprochen wird. Denn durch die Silbenarmut des chinesischen, es gibt nur ca. 400 Silben[1], klingen viele Wörter einfach genau gleich. Um die Wörter trotzdem unterscheiden zu können, wird jede Silbe je nach Bedeutung in einem der vier Töne ausgesprochen. Beim ersten „hohen" Ton spricht man die Silbe einfach in einem Ton über der normalen Stimmlage aus. Beim zweiten „steigenden" Ton steigt die Tonlage, als sei man verwundert über irgend etwas. Etwas komplizierter ist der dritte Ton, bei dem die Stimme kurz fällt und dann wieder steigt wie im zweiten Ton. Der vierte Ton, bei dem die Stimme einfach nur fällt, ist am einfachsten korrekt auszusprechen, da man die Silbe einfach nur „ausspucken" muss. Natürlich ist es essentiell, die Silben immer im richtigen Ton auszusprechen, denn sonst wird aus der Mutter schnell ein Pferd. Das gelingt mir nur dummerweise nicht immer und ich werde oft verwundert angeguckt, nachdem ich einen, meiner Meinung nach perfekten, chinesischen Satz raus gehauen habe, da ich mal wieder an irgend einer Stelle die Töne nicht sauber genug ausgesprochen habe.

Aufgrund der Silbenarmut, kann jede Silbe in verschieden Tönen ausgesprochen werden.

Eine sogar für Chinesen scheinbar komplizierte Sache ist die Unzahl an Zischlauten die es gibt. Das meistverbreitete Romanisierungssystem Pinyin unterscheidet zwi-

1 Zum Vergleich: Deutsch hat über 10.000 verschiedene Silben.

schen vier Lauten, die im deutschen als deutschen als „tsch“ geschrieben würden: „*q*“, „*zh*“, „*ch*“ und „*j*“ und zwei Lauten die wir als „*sch*“ schreiben würden: „*sh*“ und „*x*“. Diese alle immer richtig auszusprechen, ist auch nicht allzu einfach, aber auch nicht so wichtig, da auch Chinesen je nach Dialekt mal ein „*zhi*“ wie „*zi*“ aussprechen. Was das Verständnis für mich natürlich nicht einfacher macht.

Die Zeichen

Deutlich bekannter als die Schwierigkeiten bei der Aussprache ist, dass die chinesische Schrift schlicht und ergreifend über zu viele Zeichen verfügt. Trotzdem habe ich beschlossen, zumindest einen Teil lesen zu lernen. Hier also ein paar Absätze dazu, wie die Zeichen funktionieren:

Ich unterscheide zwischen vier Arten von Zeichen: Den Sinnzeichen, die die Bedeutung ziemlich direkt veranschaulichen, den Bildzeichen, welche ein vereinfachtes Bild der Bedeutung zeigen[2], und den zusammengesetzten Zeichen welche die Bedeutung durch das zusammensetzen zweier Zeichen veranschaulichen und den zusammengesetzten Zeichen, bei denen ein Zeichenteil den Bedeutungsraum angibt und der andere die Aussprache.

Die einfachen Sinnzeichen Zeichen wie 一, 二 und 三 sind sehr einfach zu merken. Diese drei Zeichen bedeuten einfach „eins“, „zwei“ und „drei“.

Etwas schwieriger wird es bei den Bildzeichen, da nach einigen Vereinfachungen in der Schreibweise während der 5000-jährigen Kulturgeschichte Chinas teilweise die Bilder nicht mehr wirklich gut zu erkennen sind. Beispiele für diese Zeichen sind 木 (Baum, Holz), 山 (Berg) oder 女 (Frau, weiblich). Diese Zeichen können auch durch hinzufügen weniger Striche noch weitere Bedeutungen erhalten, die aber auch gut verständlich sind. So wird z.B. durch hinzufügen eines Striches aus 木 (Baum) 本 (Wurzel) oder 末 (Ende).

Nicht mehr ganz so einfach zu merken sind die zusammengesetzten Zeichen, da sie meistens aus mehr Strichen bestehen und nicht immer zu erkennen ist, welcher Teil ursprünglich welches Zeichen war. Dafür erlauben sie einen Einblick in die chinesische Kultur. So bedeutet z.B. 女(Frau) + 子(Kind) 好(gut). Ein Gedanke, der durchaus nachvollziehbar ist. Eine Frau und ein Kind sind halt einfach eine gute Sa-

Zwei Frauen bedeuten Ärger

2 Was natürlich nur bei Substantiven so richtig gut funktioniert.

che. Ähnlich verhält es sich mit dem Zeichen 奻 (Streit, Probleme). Zwei Frauen verursachen Probleme bzw. streiten sich. Dies entbehrt nicht einer gewissen Grundlage.

Für einen Ausländer wie mich besonders kompliziert sind phonetisch-semantisch zusammengesetzten Zeichen. Bei diesen gibt der (meistens) rechte Teil des Zeichens einen Bedeutungsraum an und der Rest die Aussprache. So haben z.B. die Zeichen 她 (sie) 姓 (Nachname) 妈 (Mutter) alle mit Weiblichkeit zu tun und haben alle den Frau-Radikal[3]. Die Aussprache lässt sich am einfachsten anhand der Zeichen 马 (Pferd, mǎ) 吗 (Fragezeichen, ma) und 妈 (Mutter, mā) demonstrieren. Alle drei Zeichen habend die Aussprache „ma", nur in unterschiedlichen Tönen. Leider hat sich die Aussprache mancher Wörter aber seit der Erfindung des dazugehörigen Zeichens geändert, so dass die Aussprache des Zeichens nur noch vage an die Aussprache des Zeichens ohne den semantischen Teil erinnert.

Aber trotz der Unmenge an unterschiedlichen Zeichen und trotz der vier Töne ist Chinesisch alles andere, als eine eindeutige Sprache. So klingen viele Wörter exakt gleich, haben aber unterschiedliche Bedeutungen und werden unterschiedlich geschrieben. Die Verben „sein" (shì) und „versuchen" (shì) klingen genau gleich. Und „Zeit" (shí) und „zehn" (shí) unterscheiden sich von diesen nur im Ton. Und mit der Doppelbelegung einer Aussprache ist natürlich nicht Schluss. Für die Pinyinumschrift der Silbe *shì* listet mein Wörterbuch sage und schreibe 31 verschiedene Zeichen mit verschiedenen Bedeutungen.

Eine Aussprache kann 30 verschiedene Dinge bedeuten

Auch die Bedeutung der Zeichen ist nicht immer ganz eindeutig, sondern kann kontextabhängig variieren. So bedeutet 多 meistens „*viel*". Wenn danach aber z.B. aber *groß/alt* (大) kommt bedeutet diese Kombination „wie alt". Genauso wenig wie die Bedeutung der Zeichen nicht immer eindeutig ist, ist die es Aussprache. Das einleuchtendste Beispiel dafür ist das Zeichen 啊 (ah) welches je nachdem in welchen Ton es ausgesprochen wird ein Ausdruck des Erstaunens, des Enthusiasmus, der Zustimmung, der Frage oder der Überraschung ist.

Und ein Zeichen 5 verschieden Aussprachen haben

3 Man geht davon aus, dass der Frau-Radikal in „Nachname" aus einer alten matriarchalischen Zeit kommt. Denn heutzutage erhalten Kinder den Nachnamen vom Vater.

Die Grammatik

So, jetzt komme ich endlich auf die extrem komisch anmutende Unterüberschrift zu sprechen. Da in der Zeile nicht genug Platz war, die Wörter auszuschreiben, ist die Unterüberschrift hier noch einmal in voller Länge:

Ich <Possessivpartikel> Chinesisch <Komparativpartikel> Du
<Pluralpartikel> <Possessivpartikel> gut.
(我的中文比你们的好)

Jetzt würde ich diejenigen unter euch, die bis hierhin gelesen haben, bitten, einmal kurz nachzudenken, was dieser Zeichen für Zeichen aus dem chinesischen übersetzte Satz wohl bedeuten könnte. Danach gibt es hier dann auch die Auflösung.

So genug überlegt?

Dann ist hier jetzt die Übersetzung: „Mein Chinesisch ist besser als eures.“. Jetzt das ganze mal zeichenweise aufgedröselt:

- In diesem Satz macht zuerst das Possessivpartikel 的 aus dem Personalpronomen „Ich“ (我) das Possessivpronom „Mein“.
- Darauf folgen die Zeichen für chinesisch (中文).
- Dann kommt das Vergleichspartikel 比, welches anzeigt, dass das vorhergehende Objekt mit dem darauf folgenden verglichen wird.
- Dann folgen das Personalpronom „Du“ (你) und das Pluralpartikel (们), welche dann zusammen das Pluralpersonalpronom „Ihr“ (你们) bedeuten.
- Das darauf folgende Possesivpartikel macht aus dem Personalpronom „Ihr“ (你们) ein Possessivpronom „Euer“ (你们的).
- Und schließlich und schlussendlich erfahren wir, was verglichen wird: Die Güte (gut .好).

Ich hoffe, ich konnte anhand dieses Satzes ein paar der grammatikalischen Besonderheiten des Chinesischen demonstrieren: Es gibt keinerlei Flexion, sondern nur Partikel, welche z.B. Pluralformen oder Possessivformen aus Personalpronomen oder Substantiven formen. Auch für die verschiedenen Zeitformen gibt es verschiedene Partikel. Aber für einfache Vergleiche ist, mangels der Möglichkeit eine Komparativform eines Adjektivs zu formen, eine ganz schön komplizierte Syntax nötig.

Akzeptiere den Schmerz,

denn er ist Teil von dir und du reagierst nur auf eine Sinneswahrnehmung

Diese Einstellung half mir, die Schmerzen durchzustehen, die ich erlitt, während meine Füße gekocht wurden, meine Füße geschröpft wurden, um danach mithilfe einer Riesenzigarre erhitzt zu werden. Nach einem kurzen Einschub meinerseits beginnt die Story aber von vorne.

> *Ich will hier nur so objektiv wie es mir möglich ist davon berichten, was genau mit meinem bemitleidenswerten Fuß angestellt wurde und welche Folgen dies hatte. Dieser Beitrag sagt aber nichts darüber aus, ob ich nun an die von den Ärzten geäußerten Theorien glaube oder nicht. Ich bin mir schlicht selbst nicht sicher.*

Vorgestern wurde ich von einer wahrscheinlich infizierten Mücke gestochen, woraufhin mein Fuß zu einem ungeahnten Volumen anschwoll und ich kaum mehr in der Lage war zu laufen. Um dieses Problem zu lösen, hatte ich nun zwei Optionen: Ich konnte zu einem „normalen" westlichen Arzt gehen, der mir aller Wahrscheinlichkeit nach einfach Antibiotika verschrieben hätte, oder ich konnte mein erstes Abenteuer mit klassischer chinesischer Medizin beginnen. Da ich selber auch nicht besonders angetan war von dem Gedanken, mich nach meiner Borelliosebehandlung schon wieder mit Antibiotika vollzupumpen, habe ich mich für die zweite Option entschieden.

Wing: Du solltest den Dingen eine Chance geben
Ich: Deshalb bin ich für ein Jahr hier!

Die harmlose Methode

Am Vormittag gab es erst mal die harmlosere Version der chinesischen Medizin. Ich wurde zu der Praxis einer chinesischen Ärztin gefahren, die dann mit einer, zumindest für mich, äußerst obskuren Behandlung begann. Zuerst legte sie eine Knoblauchscheibe auf den Mückenstich. Auf diese legte sie nun einen Bollen Aijiu[1] der dann angezündet wurde. Da sie einen Bollen nach dem anderen auf der Knoblauchscheibe abfackelte, wurde mir auch ordentlich warm am Fuß, was aber auch Sinn der Übung war. Während ein Bollen nach dem anderen auf meinem Fuß verbrannte, erzählte die

1 Eine Pflanze, die in der chinesischen Medizin offenbar öfters verwendet wird.

Ärztin mir, dass man die ganze Prozedur früher ohne Knoblauch durchgeführt hatte, um die Energie direkter in den Körper zu bekommen. Dieser Gedanke klang für mich schon etwas beängstigend, was die Ärztin aber nicht zu stören schien, denn wenig später tat sie genau das: Sie legte, wenn auch sehr kleine, Bollen des Aijiu auf meinen Fuß und verbrannte sie dort. Die Schmerzen die ich dabei durchzustehen hatte, waren schon durchaus mehr, als ich je bei einer Behandlung bei einem westlichen Arzt verspürt hatte, aber trotzdem noch nichts im Vergleich zu dem was Abends folgte!

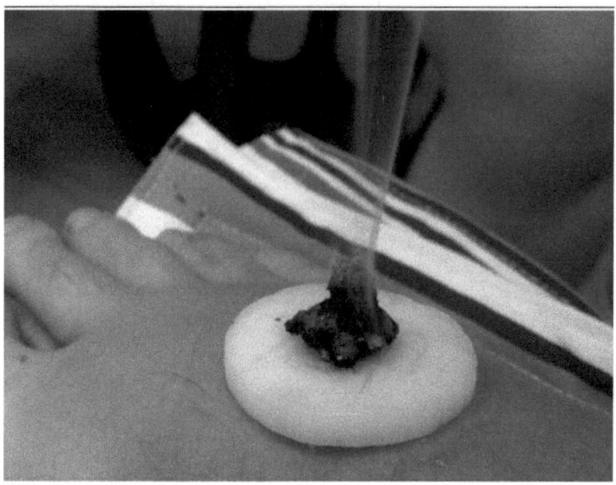

Die Rauchzeichen meines Fußes.

Die radikale Methode

Diese Behandlung mit den brennenden Kräutern war aber leider nicht allzu effektiv. Zwar änderte sich die Färbung meines Fußes und wurde etwas heller, aber die Schwellung ging nicht wirklich zurück und ich konnte danach genauso wenig laufen wie zuvor. Deshalb wurde ich abends zu einer anderen Ärztin geschleppt, die mit deutlich radikaleren Methoden an meinen Fuß ging. Nun aber erst mal ihre Theorien zu meinem Fuß: Laut ihr war die Krankheit schon in mir und die Mücke hat ihr nur geholfen, aktiv zu werden. Außerdem sei das wichtigste nun, dass ich die „Kälte“ in mir los werde. Und was ist nun das Mittel der Wahl, um Kälte aus einem Körper zu bekommen? Richtig, es ist Hitze!

Demnach kochte sie eine Medizin für mich, deren Temperatur ich nur wie folgt beschreiben kann: Wir befanden uns in Peking im Sommer. Das bedeutet die Luft hatte zwischen 25° und 30° C und ist relativ feucht. Trotzdem dampfte die Brühe ganz ordentlich und war demnach verdammt heiß! Nun sollte ich also meine Füße in diese Medizin stecken. Zur Belustigung aller Umstehenden reagierte ich auch angemessen und verzerrte beim Eintauchen erst mal das Gesicht vor Schmerz. Aber nachdem ich mich kurz auf den Schmerz konzentriert hatte, statt zu versuchen mich davon abzulenken, konnte ich ihn akzeptieren und es war, solange ich mich aktiv auf diese Sinneswahrnehmung konzentrierte, nicht wirklich schmerzhaft. Sobald ich aber abgelenkt wurde, z.B. dadurch, dass die Ärztin dann noch anfing, den geschwollenen Fuß zu massieren (was zusätzlichen Schmerz bedeutete), wurde auch die Hitze wieder schmerzhafter. Dies bedeutete aber letzten Endes nur, dass ich zusätzliche Geisteskräfte auf diese Sinneswahrnehmung konzentrieren musste.[2] Nun hatte die Ärztin also etwas „Kälte" aus meinem Körper geholt, allerdings befand sich ja immer noch ganz reales Gift bzw. Bakterien in meinem Körper. Diese/s wurde nun im zweiten Behandlungsschritt entfernt

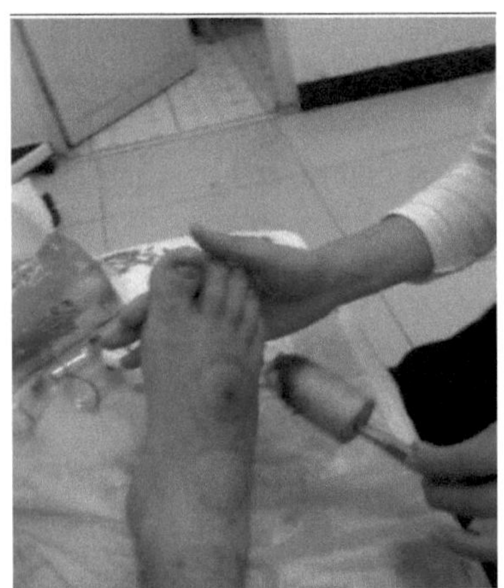

Here you go: Riesenzigarre über geschröpftem Fuß.

Bereits bevor wir zu der Ärztin gegangen waren, wurde mir gesagt, dass Schröpfen wohl die beste Lösung wäre, um das Insektengift aus dem geschwollenen Fuß zu holen. Und genau das tat die Ärztin dann auch. Zuerst wurde der Fuß „trocken" geschröpft, um ihn vorzubereiten. D.h. die Ärztin setzte den Schröpfkopf auf und erzeugte in ihm mithilfe einer Pumpe Unterdruck. Dann begann der wahre Spaß: Mithilfe eines Morgensterns[3] klopfte sie auf der geschwollenen Stelle herum, um Löcher in die Haut zu bekommen, durch die das Blut austreten konnte. Dann setzte sie die Schröpfköpfe erneut auf, erzeugte Vakuum in ihnen und prompt trat das Blut aus den Löchern. Da sie einen Schröpfkopf direkt bei dem Stich und einen daneben angebracht hatte, konnte ich deutlich den Unterschied und das Gift sehen. Das Blut im Schröpfkopf über dem Stich war deutlich hellrot bis gelblich und leicht durchsichtig, während das im anderen ganz normal dunkelrot und nicht durchsichtig war. Auch hier half es mir wieder, mich aktiv auf meine Sinneswahrnehmung zu konzentrieren.

2 Ich weiß, wäre mir jemand vor nur 2 Wochen mit diesem Geschwafel und vor allem mit diesen Begriffen „Geisteskräfte" „Sinneswahrnehmung" gekommen, hätte ich erstmal eine allergische Reaktion gezeigt, da ich derartiges schon zu oft in der Waldorfschule gehört habe. Aber in diesem Fall sind diese Begriffe meiner Meinung nach einfach die passendsten und beschreiben ja auch gar nichts irgendwie Übernatürliches.

3 Okay, ich übertreibe hier hoffnungslos: Es war ein kleiner, vorne mit spitzen Nägeln besetzter Hammer mit einer Masse von ca. 30 g.

Als letztes musste mir die Ärztin wieder die Energie, die sie mir zuvor entzogen hatte, wiedergeben. Dazu schwenkte sie eine riesige, glühende Zigarre aus dem schon erwähnten Aijiu über meinem Fuß.

Und letzten Endes die Westliche

Ich bin mir sicher, einige unter den Lesern wollen jetzt unbedingt hören, dass die Behandlung ganz wunderbar funktioniert und mein Leiden direkt beendet habe, während andere jetzt gerne hören würden, dass dieser ganze esoterische Krimskrams rein gar nichts genutzt habe.[4] Ich kann keine der beiden Seiten wirklich befriedigen. Am nächsten Tag tat der Fuß zwar längst nicht mehr so weh wie am Abend zuvor, aber die Schwellung war nicht bedeutend zurückgegangen. Deshalb beschlossen wir, nun doch zu einem westlichen Krankenhaus[5] zu fahren. Die Ärztin hatte einen kurzen Blick auf den Fuß, sah die Wunden durch das Schröpfen und gab mir, da die notwendige Blutentnahme an der Wunde durch das Schröpfen ja schon erfolgt war, nur das Rezept für verschiedene Medikamente. Momentan ist der Fuß tatsächlich auf dem Weg der Besserung. Meiner Meinung nach Dank beidem, klassischer chinesischer Medizin und westlicher Medizin.

4 Bevor wir uns missverstehen: Es geht nicht darum, welche Leiden ihr mir wünscht, sondern darum, was eure Einstellung gegenüber alternativer Medizin ist.

5 Wir würden es wohl ein „normales“ oder „konventionelles“ Krankenhaus nennen. Hier ist es ein westliches Krankenhaus. Genau so gibt es auch westliches Brot für uns Westler hier zu kaufen.

Liebe geht durch den Magen

... und in China kann man verdammt gut essen.

Wenn man vor einem kleinen Restaurant am Straßenrand sitzend mit Essstäbchen wie ein Geier Tierteile, die nach westlichen Standards nicht für essbar gelten, von einem Tier das sich auf westlichen Speisekarten nie findet, von einem Skelett pickt und in den Mund schiebt, während die Zunge komplett taub ist vom Sichuanpfeffer und das Hirn leicht benebelt von dem leichten chinesischen Bier, welches ich erst schätzen lernen musste als den idealen Löscher des Pfefferbrandes, dann stellt sich die Frage: Nimmst du noch Nahrung zu dir, oder isst du schon?

Was jetzt folgt ist eine Erklärung, warum ich manchmal gar keine Lust habe, nach Deutschland zurückzukehren, aus Angst vom Essen einfach nicht mehr befriedigt zu werden. Es folgt eine Beschreibung der wohlschmeckendsten und der nach westlichen Standards ungewöhnlichsten chinesischen Gerichte.

Eines muss ich dem gesamten Bericht aber dann doch noch voraus stellen, um ein bisschen die Balance zu halten: Das Frühstück habe ich im gesamten Bericht bewusst ausgeklammert, denn das ist jedes mal wieder, auch nach einem ganzen Jahr, eine große Enttäuschung: Die hart gekochten Eier gibt es ohne Salz, 馒头/mantou, der chinesische Entwurf eines Brötchens, schmeckt wie ein Taschentuch und ein großer Fan von Reisschleim war ich eh noch nie. Jetzt aber zu den guten Nachrichten.

Esskultur

Ersteinmal muss gesagt werden, dass Essen in China einen deutliche höheren Stellenwert als soziale Gelegenheit hat, als in Deutschland und dass man auch relativ häufig ausgeht zum Essen, weil es ziemlich günstig ist, in Restaurants zu essen. Der soziale Aspekt zeigt sich immer besonders dann, wenn man nicht gerade Hotpot, ein Gericht, das alleine schon ausreicht die Mägen zu füllen, isst. Wenn man also nicht Hotpot isst, läuft Essen in Restaurants so ab:

Man blättert gemeinsam durch die Speisekarte und sagt bei jedem Gericht, welches lecker aussieht, also bei ca. drei Vierteln der Speisekarte, „Eine Portion hiervon" bis man so viele Portionen bestellt hat, dass mindestens ein Viertel davon am Ende übrig bleibt, nachdem alle bis zum Platzen voll sind. Wenn man in einer halbwegs großen

Gruppe unterwegs ist, sitzt man dann auch an einem entsprechend großen Tisch mit einer Drehplatte in der Mitte, auf der dann alle Teller mit den verschiedenen Gerichten stehen. Von diesen Tellern stibitzt man sich dann, während sich die Köstlichkeiten auf der Drehplatte an einem vorbei drehen, das Gericht seiner Wahl und platziert die mundgerechten Stücke auf dem eigenen untertassengroßen Teller oder in seiner Schale Reis, um den Happen dann zusammen mit dem Reis zu verspeisen.

Zwar fehlt bei dieser Art zu Essen die Möglichkeit des Kochs, die Speisen schön auf dem Teller anzurichten, dafür ist es aber ein viel sozialerer Prozess als im Westen, da alle von der selben (Dreh-)platte essen und man sowohl beim Weiterdrehen der Platte auf andere, die sich noch etwas von der Platte nehmen, als auch beim Nehmen des letzten Happens Rücksicht nehmen muss.

饺子 - Chinesische Maultaschen – Dumplings

Meist harmlos im Geschmack, aber günstig und nachdem man sie in Essig mit Chilipfeffer getunkt hat auch halbwegs schweißtreibend, sind Dumplings immer eine gute Option, wenn das Geld mal wieder für Importbier drauf gegangen ist. Erhältlich sind sie gefüllt mit allem, was das Herz begehrt, beginnend von ganz ordinärem Schwein über Yakmilchkäse in Yunnan bis zu den vegetarischen Varianten. Aber „Wofür sie besonders schwärmt, wenn er wieder aufgewärmt": Am besten sind Dumplings immer noch nachdem sie gebraten wurden mit einer ordentlichen Kruste rund um das Fleisch.

面 - Nudeln

Mit Nudeln, von denen dir jeder Chinese erzählen wird, dass Marco Polo sie als erster nach Europa gebracht hat, beweist die chinesische Küche, dass es doch eine Sache gibt, die sie aus Teig machen kann. Leider hat Marco Polo seinerzeit nicht überliefert, was man alles so zu den Nudeln essen kann:

Es gibt Nudeln in Suppe mit Fleischstückchen, es gibt sie ohne Suppe mit verschiedensten Fleischstücken, es gibt natürlich auch vegetarische Varianten mit Zwiebeln und anderem Gemüse. Oder die todsichere Lösung für ein leckeres, füllendes und günstiges Mahl: Nudeln mit Tomate und Ei. Aber wie bei den Dumplings gilt „Wofür sie besonders schwärmt, wenn er wieder aufgewärmt". Gebratene Nudeln mit was auch immer schmecken einfach immer noch am besten.

重庆火锅 - Chongqing Hotpot

Wahre Schlachten hinterlassen wahre Schlachtfelder

Das absolut beste Gericht, das ich in China gegessen habe, meiner bescheidenen Meinung nach, ist der Hotpot in Chongqing. Hotpot ist die deutlich geilere chinesische Version von Fleischfondue. Dabei steht in der Mitte des Tisches, über einem Feuer, ein zweigeteilter Topf dessen eine Hälfte mit blutroter, feuerscharfer Brühe gefüllt ist, die in einem schönen Kontrast zu der anderen weißen und nicht ganz so scharfen Hälfte steht. In diese Brühen wird nun so ziemlich alles geschmissen, dessen Geschmack sich durch das Kochen in scharfer Soße verbessert. Also alle Sorten von Fleisch und Fisch über Tofu zu weißen Bällchen mir unbekannter Substanz und Nudeln. Nachdem man mit seinen Essstäbchen das Fleisch einer anderen Person aus der Brühe gefischt hat beginnt der Spaß erst richtig. Denn nun wird, was auch immer man gerade aus dem Topf gefischt hat, in eine Soße mir unbekannter Herkunft getunkt, bevor es dann endlich verzehrt wird und auf seinem Weg in den Magen noch schnell den Mundinnenraum mit seiner Schärfe betäubt und ein Signal an alle Schweißporen sendet, sich jetzt zu öffnen. Der tauben Zunge und dem Flüssigkeitsverlust kann dann selbstverständlich nur ein eiskaltes chinesisches Bier entgegengesetzt werden, was das Gesamterlebnis noch intensiviert.

Wenn man dann seine leiblichen Bedürfnisse beinahe befriedigt hat und langsam aus der tranceähnlichen Ekstase erwacht und auf das Schlachtfeld vor einem blickt, in das sich der Tisch mittlerweile verwandelt hat, heißt es: 饭后一根烟，赛过活神仙. („Eine Zigarette nach dem Essen, und du wirst die Unsterblichen übertreffen").

香港菜 - Hongkongfood

… ist der Grund, dass ich in Hongkong in einer Woche so viel Geld ausgegeben habe wie in dreien zuvor in China. Wie kommt's? Schlicht und ergreifend daher, dass normalerweise jede Provinz in China zwei, drei Gerichte hat, für die sie berühmt ist und die richtig gut schmecken. Hongkong hingegen hat eine riesige Auswahl an großartigen essbaren Dingen.

Da wären am einen Ende gebratene Tauben, die mit allem außer Federn gegessen werden und in mundgerechte Stücke zerschnitten werden, bevor man sie mit irgendwelchem salzigen Zeug bepudert, welches dem ohnehin schon zarten, aber charaktervollen Fleisch noch etwas Würze verleiht, und isst. Weiter geht es dann mit fleisch- oder gemüsegefüllten Teigtaschen aus beinahe durchsichtigem Teig (keine Ahnung was für Mehl die verwenden), die ähnlich wie Dumplings vor dem Genuss in Essig getunkt werden, welche mit einem Geschmackserlebnis deutlich vielfältiger als dem von Dumplings überraschen. Eines der besten aus all den guten Dingen in Hongkong ist aber immer noch Charsiu-Schweinefleisch, auf einer Gabel über Feuer gebratenes Schwein das mit einer süß-sauren Soße serviert wird und die Geschmacksknospen stimuliert, ohne sie, wie Sichuanpfeffer, für andere Genüsse unempfindlich zu machen. Die allerbeste Verwendung findet dieses Schweinefleisch aber, wenn es es in kleine Würfel geschnitten wird und zusammen mit der Soße in Brötchen aus süßem Teig gefüllt wird, die im besten Falle auch nicht gedünstet, sondern richtig gebacken werden, somit eine ordentliche Kruste erhalten, und damit beweisen, dass mit den im Festland erhältlichen 包子 (Baozi, gedünstete, gefüllte Teigtaschen) noch lange nicht das Ende der bis dahin enttäuschenden chinesischen Brotbackkunst erreicht ist.

Exotisches

Ein Bericht über chinesisches Essen muss natürlich eines der populärsten Vorurteile über Chinesen ansprechen: Das Vorurteil, dass alle Chinesen immer Hundefleisch essen. Das werde ich nun tun (also das Vorurteil ansprechen, nicht Hundefleisch essen. Das habe ich schon hinter mir) und auch noch ein paar weitere exotische Dinge nennen, die mir zum Essen angeboten wurden und die ich demnach auch gegessen habe.

Erstmal zum Hund: Ja, im Süden Chinas steht Hund tatsächlich auf der Speisekarte und als ich ihn dort in einem Restaurant beinahe exklusiv entdeckte, das Restaurant war auf Hundefleisch spezialisiert, habe ich ihn auch bestellt. Nachdem das Fleisch genau so aussah wie zum Beispiel Schweinefleisch, kostete es mich auch nicht allzu viel Überwindung, es zu essen. Allerdings konnte ich den Status als Delikatesse nicht nachvollziehen. Das Fleisch war einfach etwas zäh und erinnerte geschmacklich an Ziege.

Deutlich mehr Überwindung beim Verzehr hat mich ein schon vor längerer Zeit befruchtetes Hühnerei gekostet, vor dessen genauen Inhalt mich vor dem Entfernen der Schale niemand gewarnt hatte. Nach dem Entfernen der Schale lag dann aber ein Hühnerfötus auf einer steinharten Lage Eiweiß vor mir auf meinem Teller und ich stand vor der Frage, ob ich das wirklich Essen will. Ich habe mich dann dafür entschieden, weil ein Kollege meinte, er würde auch eines essen. Nach dem Verzehr meinte er, er hätte es nur gegessen, um mich Hühnerfötus essen zu sehen. Zum Geschmack des Ganzen kann ich gar nicht so viel sagen, weil es mich dermaßen viel Überwindung gekostet hat, das ganze erst mal mit den Essstäbchen in den Mund zu hieven und ich demnach nicht so sehr auf den Geschmack geachtet hatte.

Deutlich besser hat mir da der ganz ordinäre Frosch geschmeckt, der auf der Speisekarte aber erst mal als „Feldhuhn" ausgewiesen war. Dieser hat durch ungeheuer zartes Fleisch bestochen, das etwas an Fisch erinnerte, welches gut mit dem würzenden Pfeffer kontrastierte.

Ein deutlich größerer Schritt aus meiner Komfortzone war dagegen der Verzehr eines ganzen Hasenkopfes, der brennend scharf gewürzt war. Da es etwas mühsam wäre, den Kopf zwischen den Essstäbchen zu halten, wurden einem Plastikhandschuhe gegeben, um den Kopf anzufassen. Das Verspeisen des Gesichtsfleisches stellte mich vor kein allzu großes Problem: Einfach mit den Zähnen abnagen. Als es aber an den Inhalt des Schädels ging, zögerte ich kurz: Man muss tatsächlich einfach Kraft seiner Kaumuskeln die Schädeldecke zerbrechen, um an das Hasenhirn zu kommen. Dieses schmeckte dann enttäuschend langweilig, da die Schärfe des Pfeffers nicht in den Schädel vorgedrungen war.

Nun noch ein letzter Absatz dazu, was man in China so trinkt, also was für Alkohol man trinkt. Neben dem schon eingehend genug beschriebenen chinesischen Bier ist der Nationalalkohol Chinas 白酒/Baijiu, dessen Name viel zu häufig mit „Weißwein" übersetzt wird. In Wirklichkeit handelt es sich dabei aber um ausgewachsenen Reisschnaps, den man anders als Wodka nicht einmal mischen kann um den Geschmack zu verbessern. Ich habe ihn nur ein einziges Mal in einer trinkbaren Variante gefunden: Als 三蛇酒/ Drei-Schlangen-Alkohol bei dem einfach drei Schlangen in dem Baijiu eingeweicht werden, damit sie ihren Geschmack an ihn abgeben. Das klingt erst mal widerlich, und ich habe den 三蛇酒 auch nur aufgrund des Namens bestellt, ohne von dem eigentlichen Inhalt zu wissen. Als ich ihn dann aber getrunken habe, war ich absolut überrascht: In den ersten zwei Sekunden nach Kontakt mit der Zunge schmeckt man die 42% deutlich, dann überwiegt aber die Würze der Schlangen und sorgt für ein unvergessliches – und seitdem leider nicht mehr wieder gefundenes – Geschmackserlebnis.

Rohrbruch
und ein beeindruckender Klempnerbesuch um vier Uhr morgens

Diesmal gibt es eine kleine Anekdote die sich als Folge oder Teil eines Discoabends im Apartment von anderen Freiwilligen in Beijing ereignete. Ich hoffe nur, dass es mir gelingt rüberzubringen, wie eindrücklich das Erlebnis für mich war.

Die Vorgeschichte

Letzten Samstag ging ich das erste mal nach vier nüchternen Monaten das Nachtleben in Beijing zusammen mit zwei anderen Freiwilligen auschecken. Kurz: Abgesehen von den Preisen war es auch nicht enttäuschend. Die waren aber auf europäischem Niveau, da hier nur Expats und neureiche Chinesen feiern gehen. Und diese neureichen Chinesen gehen nur in die teuersten Clubs, um zu zeigen wie viel Geld sie haben. Infolgedessen sind einfach alle Clubs hier teuer.

Erste Hilfe

Nun weiter im Text: Nach der Rückkehr in das Apartment wollten wir uns noch schnell ein zweites „Abendessen" gönnen und haben uns deshalb in die Küche begeben. In dieser stand auch die Waschmaschine und einer der Freiwilligen stieß gegen den Wasserhahn, an den diese angeschlossen war. Dieser brach ab. Das Wasser spritzte nun aus dem Hahn in die Küche, und ich war erst mal prächtig amüsiert über das Missgeschick. Dann versuchte der andere Freiwillige, den Hahn zu schließen, es passierte aber nichts, egal wie sehr er an dem Hahn herumdrehte. Auch das hatte in meinen nicht mehr ganz nüchternen Augen einen gewissen Unterhaltungswert. Nachdem ich also ca. eine Minute nur lachend neben dem offenen Wasserhahn stand, fiel mir auf, dass das Ganze eigentlich gar nicht so lustig war. Es war kurz vor vier Uhr nachts und der Wasserhahn drohte das ganze Apartment zu überfluten! Also wurden wir aktiv und nach einigem Rumgemache gelang es uns, den Schlauch von der Waschmaschine zu entfernen, mit einer Menge Tesa an dem Hahn zu befestigen und den Schlauch aus dem Fenster zu leiten. Nun flossen nur noch ca. 20% des Wassers in die Küche, welches dann in einem Eimer aufgefangen wurde und alle zehn Minuten durch das Fenster entleert werden musste. Danach rief einer der Freiwilligen, welcher chinesisch sprechen kann, einen seiner Lehrer aus dem Kindergarten nach dem anderen an, in der Hoffnung, irgendjemanden um vier Uhr Nachts zur Hilfe holen zu können. Das war aber gar nicht nötig, denn die Nachbarn im Stockwerk drunter waren durch das vor ihrem Fenster vorbeiströmende Wasser wach geworden und wussten, wer anzurufen war: Jemanden, der in der Sowjetunion vermutlich einen Titel wie „Gruppenleiter der Gruppe Sanitätswesen des Hauskomitees des Hauses xxx“ getragen hätte.

Auftritt Klempner

Der klopfte auch, ohne das wir ihn erwartet hatten, an unserer Tür. Dementsprechend überrascht waren wir dann von der unerwarteten Hilfe. Noch überraschter war ich aber von seinem Erscheinungsbild:

Ein Funkgerät, dass zum Schlagstock getaugt hätte…

In der Tür standen zur allerspätesten Stunde zwei Männer in grünen wollgefütterten Uniformen, die stark an irgendwelche kommunistischen Armeeuniformen aus irgend einem kalter Kriegsfilm erinnern. Das selbe galt für gefütterten Mützen, die mit einem roten Fünfstern vorne verziert waren. In der einen Hand hatten beide eine riesige Taschenlampe, mit der sie erst mal die ganze Wohnung unter Augenschein nahmen, auch wenn das Licht angeschaltet war. In der anderen Hand war jeweils ein Funkgerät mit 50 cm Antenne und in einer Bauweise, dass es auch als Schlagstock eingesetzt werden könnte. Durch dieses wurde dann auch laut fluchend der Ruf nach Verstärkung gesendet, nachdem klar war, dass dem Problem nicht so ohne Weiteres beizukommen war. Das aber erst nachdem beide, ohne weiteres Aufheben zu machen, in ihren schlammigen Stahlkappenstiefeln einmal durch die Wohnung marschiert waren.

…in Händen, die wie 60 aussahen, aber vermutlich 80 waren

Genauso eindrücklich wie die mitgebrachten Utensilien und die Kleidung aus einer anderen Epoche, war einfach das Gesicht des Älteren. Es war eines dieser asiatischen alten Gesichter, deren Haut aus Leder besteht, in deren Mundwinkel zumindest ein Zigarettenstummel vergessen wurde, wenn nicht eine brennende Zigarette drinhängt und die man auch dann auf 60 Jahre schätzt, wenn das wahre Alter bei 80 liegt. Es ist auch eines dieser alten asiatischen Gesichter, die trotz einem sicher harten Leben gesünder aussehen, als die meisten alten europäischen Gesichter. Denen sieht man viel zu oft an, dass es nicht mehr lange geht, während diese alten Gesichter hier für die Ewigkeit gemacht zu sein scheinen. Dieses Gesicht war auch eines jener Gesichter, denen man ansehen kann, dass sie in den letzten dreißig Jahren eine Entwicklung erlebt haben, die vorher nie für möglich gehalten wurde. Vorher, das sind die Zeiten unter dem großen Vorsitzenden und so tolle Dinge wie der große Sprung nach vorne, in dessen Folge ein guter Teil der chinesischen Landbevölkerung verhungert ist. Und dass der Mann den großen Sprung nach vorne auf dem Land miterlebt hat, ist höchstwahrscheinlich, wenn man auf Chinas Urbanisierung der letzten Jahre schaut und die Tatsache, dass in diesem Stadtteil alle Bewohner erst im Zuge dieser Urbanisierung hergezogen sind und damit Beijing zu dem Monstrum von Stadt gemacht haben, das es heute ist.

Problem gelöst

Nun gut. 15 Minuten nachdem also endlich Hilfe da war und sich das Apartment mit immer mehr neugierigen Nachbarn gefüllt hatte, (wer die um diese Uhrzeit geweckt hatte?) wurde schließlich kurzerhand das Wasser für das ganze Haus abgestellt und offenbar wurde am nächsten Morgen, während ich noch im Schlaf die Eindrücke der letzten Nacht verarbeitete, der Wasserhahn richtig repariert.

Ich habe keine Ahnung, ob das alles ein Überbleibsel des in der Propaganda immer noch existierenden, „Kommunismus mit chinesischen Besonderheiten“ ist, oder wir einfach tierisch Glück hatten. Aber die Tatsache, dass um vier Uhr Nachts jemand kommt, um einen kaputten Wasserhahn zu reparieren, ohne dass man ihn angerufen hätte, und am Ende nicht mal Geld will, hat mich doch sehr überrascht.

Heute hier, morgen dort...

...bin kaum da, muss ich fort.

Eigentlich dürftet ihr es den vorangegangenen Berichten ja schon entnommen haben: In den letzten zwei Monaten konnte ich nie länger als zwei Wochen an einem Ort verweilen. Erst ging es für zwei Wochen zum Vorbereitungsseminar, dann zum Lehrerseminar der Waldorfschule, dann zum World Waldorf Summer Camp und nun in den Urlaub nach Linfen (临汾) in der Provinz Shanxi (山西). Dort sollte ich schon wieder tolle Menschen kennen lernen, die ich wahrscheinlich nie wieder sehen werde. Und ich konnte wirkliches und pures chinesisches Leben kennen lernen, wie es ohne westlichen Einfluss ist.[1]
Dieses unstete Leben ist natürlich sehr aufregend und erlebnisreich, es bedeutet aber auch eine Menge von Abschieden. Um das auszudrücken, habe ich ja die Überschrift nach dem Lied gewählt.

Chronik

Nach dem Ende des World Waldorf Summer Camps gab es noch ein tolles Südchinesisches Abendessen für alle Betreuer, die noch in Beijing waren, einen weiteren Abschied für mich und ein weiches Bett bei einem deutschen Freund in Beijing. Am nächsten Morgen fuhr ich gemeinsam mit meinem chinesischen Freund Sam, den ich in dem Camp getroffen hatte, mit dem Zug zu seinen Eltern. Zuerst fuhren wir vier Stunden lang bis zur Hauptstadt der Provinz Shanxi nach Taiyuan (太原), wo wir zu Abend aßen, bevor wir mit dem nächsten Zug in seine Heimatstadt fuhren. Obwohl Taiyuan in China für so ziemlich gar nichts berühmt ist, genoss ich dort die ersten zwei Stunden meines Urlaubs. Die Luft war trocken und sauber, die Menschen wirkten nicht so gehetzt wie in Beijing und die Frauen sahen besser aus als in Beijing[2]. Das erste mal seit zwei Jahren hatte ich das Gefühl, nun würden die Sommerferien beginnen.[3]

Endlich hatte ich das Gefühl, im Urlaub zu sein. Wenn auch nur für eine Woche.

1 Wenn man mal den Einfluss Marx' und demnach Lenins und Stalins nicht als westlichen Einfluss sieht, sondern als Teil der chinesischen Geschichte.

2 Herr je, solche Dinge sieht Mann halt. Und mein Kumpel hat mir auch bestätigt, dass die Frauen in Shanxi im allgemeinen besser aussehen als in Beijing. Dumm für mich...

3 Letztes Jahr sind diese für mich wegen dem Ferienlager ja in dem Sinne ausgefallen, als dass ich keine Zeit für Müßiggang unter warmer Sommersonne hatte.

Danach ging es wie gesagt nach Linfen weiter, einer Stadt im Süden von Shanxi und als wir um Mitternacht dort ankamen, gab es erst mal einen scharfen chinesischen Mitternachtssnack. Am darauf folgenden Tag trafen Sam und ich uns abends mit einem Freund von ihm. Tagsüber taten wir nichts, außer uns in den Garten der Universität und Schule dort zu setzen, Bier zu trinken, zu rauchen und uns in der Sonne zu braten. Und es war gut so! Abends ging es dann in leicht euphorischer Stimmung mit dem Fahrrad quer durch die Stadt zurück in das Apartment seiner Schwester zurück.[4]

Am darauf folgenden Tag fuhren wir dann zusammen mit seiner Schwester in die Berge in das Dorf seiner Eltern, in dem er auch aufgewachsen ist. Mir wurde die Ehre zuteil, die Jungfräulichkeit dieses Dorf als erster Ausländer zu nehmen. Aber entgegen Sams Voraussagen löste meine Ankunft keinen großen Menschenauflauf auf. Vielmehr munkelten die Menschen dort lediglich darüber, aus welcher anderen Provinz ich komme, und welch seltsamen Dialekt wir dort wohl sprechen. Sie hatten teils einfach keine richtige Vorstellung von einem Ausland! Die anfangs größte Angst vor mir hatte der einjährige Xiaoxin (小心)[5], der mir aber dann aber auch bald voll vertraute.

Von diesem viertägigen Besuch in der chinesischen Pampa und dem Leben dort will jetzt allerdings nicht chronologisch, sondern eher thematisch gegliedert berichten.

Lebensbedingungen

Wie ich in der Einleitung schon erwähnt habe, konnte ich in der chinesischen Pampa einen absolut normalen, laut Sam sogar materiell unterdurchschnittlichen, Lebensstil kennen lernen. Einem westlichen Ausländer dürfte wohl als erstes die Toilette dort auffallen: Sie ist einfach nur ein Loch im Boden in dem sich tausende gelbliche 2-3 cm lange Würmer tummeln die sich von menschlichen Exkrementen ernähren und später als Dünger verwendet werden. Je nach Bauzeit gibt es noch nicht einmal eine Mauer als

Schlichte Toiletten im Freien sind immer noch besser, als schlecht geputzte in der Stadt

4 Sam hat vier ältere Schwestern. Sein Vater war ein guter Freund desjenigen, der über die Geburtenkontrolle in dem Dorf wachen sollte.

5 Die Zeichen 小心 bedeuten alleine „klein“ und „Herz“. Gemeinsam bedeuten sie aber „Achtung“ und sind auch der Spitzname des Neffen Sams, da dieser immer wieder mit eben diesen Worten gewarnt wurde sich z. B. nicht die Finger zu verbrennen.
Letztes Jahr durfte ich auch einen kleinen Jungen mit dem Spitznamen Bubu (不不) kennen lernen. 不 bedeutet so viel wie „Nein“, „nicht“ oder auch „Lass dass!“.

Sichtschutz um besagtes Loch. Aber letzten Endes waren mir diese Toiletten doch deutlich lieber, als die öffentlichen Toiletten in den Städten, da sie im freien waren, so der Gestank weg geweht wurde und eventuell nicht so genau gezielter Urin unter der Sonne schnell verdampfte. Diese Toilette kann in gewisser Weise als Sinnbild für mein Erleben des Landlebens stehen: Es ist zwar oberflächlich gewöhnungsbedürftiger und dreckiger als in der Stadt, aber letzten Endes doch angenehmer und gesünder.

In dem Dorf, in dem ich meine Ferien verbrachte, waren die alten Häuser keine richtigen Häuser, sondern in den Berg gehauene Höhlen. Dadurch war es in den Häusern trotz sengender Sonne angenehm kühl, aber halt auch relativ dunkel. Die Betten, meistens groß genug für mindestens drei Personen, lassen sich im Winter von unten heizen, da sie entweder direkt einen Ofen darunter bieten oder an den Herd angeschlossen sind. Wie ihr schon schlussfolgern könnt, sind sie demnach auch nicht aus Holz gemacht, sondern aus Stein. Und genau so hart sind sie auch. Als Kopfkissenfüllung dient trockener Reis. Fließend Wasser gab es in den älteren und abgelegeneren Häusern auch nur, wenn man es zuvor auf das Dach geschleppt hat, um einen Wasserdruck aufzubauen. Dort lagerte es in einem großen schwarzen Plastiksack. Demnach war die Wassertemperatur auch immer von der Tageszeit und dem Bewölkungsgrad abhängig, da einfach alles Wasser in diesem Plastiksack von der Sonne aufgewärmt wurde. In ca. der Hälfte der Wohnungen, in denen ich war, hing ein Maoposter und während meines Besuchs dort vermied ich es tunlichst die westliche Sicht der Dinge darzulegen. 26 Jahre Personenkult und eine noch heute laufende Zensur und Propaganda haben halt ihre Spuren hinterlassen.

Wenn man böse ist, könnte man die Menschen hier „Höhlenmenschen" nennen

Wenn man sich die umliegende Landschaft ansieht, kann man auch gleich sehen, von was die Menschen früher hier gelebt haben: Beinahe ausschließlich von der Landwirtschaft. Jeder Berghang und jeder Hügel, der weniger als 30° Steigung hat, wurde im Verlaufe der letzten Jahrtausende in Treppenform gebracht, um die Landwirtschaft darauf zu erleichtern. So ist die gesamte Landschaft dort quasi von Menschen gemacht.

Gesellschaftliche Umgangsformen

Noch vor unsere Ankunft in seinem Heimatdorf wies mich Sam auf ein paar Dinge hin: Wann immer wir männlichen Personen über 20 begegnen werden, sollte ich ihnen als Zeichen meines Respekts Zigaretten anbieten und diese auch für sie anzünden. Und wenn sie diese ablehnen, sollte ich noch zwei weitere Mal darauf bestehen, da das erstmalige Ablehnen eines Angebots eine reine Formsache ist und nichts darüber aussagt, ob die Zigaretten nun angenommen werden oder nicht. Genauso musste ich auch bei jeder Mahlzeit dreimal den Nachschlag ablehnen, um nicht gemästet zu werden. Aber auch wenn ich ein Angebot zu früh annahm und nicht erst ablehnte wurde mir dies als Ausländer zum Glück immer verziehen.

Chinesische Höflichkeit geht anders, ist aber trotzdem tolerant.

Genauso wie die Umgangsformen der Erwachsenen für mich erst mal ungewohnt waren, überraschten mich die Kinder. Denn sie waren das exakte Gegenteil der verzogenen Bonzengören[6] aus dem Waldorfcamp. Als ich das erste mal mit Sam eine seiner Schwestern in Linfen besuchte, gab uns seine Nichte, ohne dazu aufgefordert zu werden, zwei Gläser mit heißem Wasser und begann dann, den eigentlich schon blitzblanken Boden zu wischen. Immer wenn ich mich auf chinesisch für etwas bedankte, erwiderte sie auf Englisch „You are welcome!“. Diese vorauseilende Dienstbereitschaft ging so weit, dass ich versucht war, ihr zu erklären, ich könne mein Wasser auch selber nachfüllen, da ich mich beinahe etwas schuldig fühlte. Ihre Cousins, die ich wenig später in besagter Pampa kennen lernen durfte, waren ebenso diensteifrig und konnten, im Gegensatz zu ihren Altersgenossen von reichen Eltern, alle Verantwortung für sich und ihre kleinen Geschwister übernehmen.

Soziale Erziehung geht auch bei Einzelkindern

Auch hatte ich mit dem sozialen Status meiner Gastfamilie Glück: Sam ist Parteimitglied und bisher der einzige aus seinem Dorf, der es bis nach Amerika geschafft hat und sein Vater hat seiner Zeit an der chinesischen Atombombe gebastelt.[7] Sie sind also eine der angesehensten Familien im Dorf und dementsprechend wurde ich mit viel Respekt behandelt. Zu allem Überfluss konnte Sam seiner Familie auch noch erzählen, dass beide meiner Eltern studiert hatten und mein Vater einen Doktortitel hat. Dieser Bildungshintergrund verschaffte mir noch zusätzliche Bewunderung. Ganz unabhängig von meinen eigenen Leistungen.

6 Verzeiht mir diesen Ausdruck, aber mir fiel kein korrekterer ein, der genauso aussagekräftig ist.

7 Wobei man zu Sams Parteimitgliedschaft sagen muss, dass er nur Parteimitglied geworden ist, um ein Stipendium für einen Aufenthalt in den USA zu bekommen. Wirkliche politische Überzeugungen stecken nicht dahinter, auch wenn er den großen Vorsitzenden Mao für einen im allgemeinen netten Menschen hält und Taiwan für ihn selbstverständlich ein Teil Chinas ist. Dinge, über die ich mit ihm halt besser nicht diskutiere.

Der Wandel

Aber es ist wohl wenig überraschend, dass auch hier der Wandel der chinesischen Gesellschaft sichtbar ist. So stehen die ältesten und schönsten Häuser bzw. Höhlen ausnahmslos leer, da man in einer alten Höhle wohl kaum noch Stromkabel oder Wasserrohre verlegen kann. Zum Teil sind die Menschen in modernere, aber längst nicht so schöne Häuser gezogen. Aber zum größeren Teil sind sie schlicht einfach gestorben und ihre Kinder sind schon in jungen Jahren in die Stadt gezogen. Das selbe Schicksal wird auch das Haus meiner Gastgeber ereilen, denn alle Kinder arbeiten in der Stadt und haben nicht vor, wieder in die Berge zu ziehen. Auch beim Spaziergang durch das Dorf fiel mir auf, dass man quasi gar keine jungen Leute sieht. Die paar, die ich kennen gelernt habe, haben erklärt, sie sind nur da, um ihre Eltern in den Ferien zu besuchen. Genauso wie ich und mein Kumpel.

Dieser Wandel ist auch bei einem kurzen Blick auf die Landschaft sichtbar: Grade mal ein gefühltes Fünftel der terrassierten Ackerfläche ist bestellt. Der Rest muss schon seit einer Weile brach liegen, da darauf schon die ersten Büsche wachsen. Es will auch hier halt niemand mehr Bauer irgendwo in der Pampa werden.

Bilder

Wie im vorangegangenen Bericht, konnte ich auch diesmal die Bilder nicht der Mail anhängen, sondern habe sie auf Flickr hochgeladen. Hier der Link:

http://www.flickr.com/x/t/0094009/photos/jlbosse/sets/72157635192443731/
bzw:
https://www.flickr.com/photos/jlbosse/ → Alben → Ferien in Linfen

Taiwans Besonderheiten
oder: Wie mich eine kleine Insel östlich von China beeindruckt hat

Weil ich durch den Trip nach Hongkong letzten Oktober nur ein Doppeleinreisevisum erhalten habe, musste ich die Volksrepublik schon bald danach wieder verlassen, nur um danach wieder einzureisen. Aber warum sollte ich eine Menge Geld für Flug- und Zugtickets ausgeben, nur um Festlandchina kurz zu verlassen? Ich entschied mich, etwas länger in Taiwan zu bleiben, damit sich die ganze Sache überhaupt lohnt. In diesem Blogpost werde ich ein paar der Dinge behandeln, die mir an Taiwan am meisten aufgefallen sind.

Ich bin ein 大陆人[1]

Den ersten Eindruck, den Taiwan auf mich machte, war nicht Taiwan, welches einen Eindruck auf mich machte, sondern der Eindruck, den ich auf die Menschen und meine Freunde dort machte.

Mein erster Fehler war folgender: Erschöpft von der halbtägigen Reise auf Schiff und Flugzeug von Fuzhou nach Taibei, war ich glücklich festzustellen, dass die linke Spur der Rolltreppe komplett leer war. „Genau richtig für mich und meinen fetten Rucksack“ dachte ich mir, setzte meinen Rucksack dort ab und wartete darauf, von der Rolltreppe hoch befördert zu werden. Nur waren die Leute auf der rechten Spur damit nicht allzu glücklich und wiesen mich leisstark[2] darauf hin, dass die linke Spur doch für Menschen reserviert sei, die es eiliger haben. 不好意思. (Uuups).

Schon nach fünf Monaten in China benahm ich mich wie ein 大陆人.

Den nächsten Fehler machte einfach beim Überqueren einer Straße. Ich hatte mich bereits an die „Verkehrsregeln“ in Festlandchina gewöhnt und wusste deshalb, dass ein Blick auf eine Ampel eh nie für Klarheit über die Sicherheit sorgt und schaute deshalb nur nach Autos, die eventuell vorhatten, mich zu überfahren. Es waren keine da, also ging ich los, um die Straße zu überqueren. Grob zog mich meine Gastgeberin an der Schulter zurück und wies mich darauf hin, dass die Ampel noch rot sei. Gleich darauf meinte sie dann noch, ich benähme mich ja wie ein 大陆人. Fünf Monate in

1 大陆人 (DaLuRen) ist ein, nicht wirklich freundlicher, Name für Festlandchinesen der vor allem von Chinesen außerhalb des Festlands genutzt wird, um diese zu beschreiben.

2 Menschen in Taiwan sind eher leisstark, lautstark sind die Menschen in Festlandchina.

China waren also genug dafür zu sorgen, dass ich mich wie ein Rowdy verhalte nach taiwanesischen Maßstäben.

Andererseits fand ich es nach ein paar Tagen doch sehr nett, dass die Menschen in der U-Bahn die einfache Regel „erst aussteigen lassen, dann einsteigen" kennen wodurch jeder aussteigen kann, wo er will und niemand in der U-Bahn gefangen ist, weil die Türe von hineinstürmenden Menschen blockiert ist. Tatsächlich habe ich mich so schnell wieder daran gewöhnt, dass ich nach der Rückkehr nach Beijing erst einmal tief Luft holen musste, bevor ich mich in die U-Bahn getraut habe und dort dann trotzdem Aggressionsschübe hatte.

Ein Hochgeschwindigkeitszug wie eine Metro

Eine Sache, die mir wirklich sehr gefallen hat an Taiwan war, wie einfach es ist dort zu reisen, gerade mit dem Zug. In China ist Zugfahren wie fliegen: Man muss das Ticket Wochen im voraus buchen und dann eine Stunde vor Abfahrt schon beim Bahnhof sein, um einzuchecken und das Gepäck zu scannen. Und wenn man dann im Zug ist, bleibt man dort dann auch länger als ich je in einem Flugzeug war.[3]

Auf der anderen Seite gibt es das taiwanesische Hochgeschwindigkeitszugnetz: Dort kauft man sein Ticket zehn Minuten vor Abfahrt am Bahnhof, hüpft in den Zug, bekommt, anders als in der U-Bahn, einen Sitz und ist zwei Stunden später am anderen Ende von Taiwan. Das einzig Störende während Zugreise war der missbilligende Blick, welchen mir die Zugbegleiterin zuwarf, nachdem ich ein Bier bestellt hatte. Ich hatte halt immer noch meine Gewohnheiten aus China, zu denen es gehört im Zug erst mal ein Bier zu trinken, um später einfacher einzuschlafen. Das ich zwei Stunden später schon am Ziel sein würde war mir in dem Moment nicht ganz klar. Des weiteren sind Züge in Taiwan schockierend sauber und leise. Ich habe kaum Menschen reden gehört, während in den Zügen in China immer ein aufgeregtes Geschnatter vorherrscht.

Hello Kitty und 7-11

Es gibt Gerüchte, nach denen die Gründung einer neuen Stadt in Taiwan, unabhängig davon wie groß sie mal sein wird, in etwa so abläuft: Pro vorgesehener 5.000 Bürger

3 Zugegebenermaßen ist Taiwan nur eine kleine Insel, während China in Riesenland ist, welches trotz allem über das bei weitem größte Hochgeschwindigkeitszugnetz der Welt verfügt.

wird ein 7-11 in die Gegend gepflanzt um das Rückgrat der Stadt zu bilden. Danach kann die Stadt beginnen natürlich zu wachsen, nur muss hier und dort auch ein komplett „Hello Kitty“-fizierter oder anders pink gefärbter Straßenverkäufer entstehen.[4]

Okay, vermutlich läuft das ganze doch nicht so ab. Aber was ich versuche zu sagen, ist Folgendes: Es gibt tatsächlich 5.000[5] 7-11-Filialien in Taiwan, welche in den großen Städten in Sichtweite voneinander entfernt liegen. Und man kann absolut alles dort machen: Zug- und Flugtickets buchen, Kreditkarten- und Telefonrechnungen begleichen, mehr oder weniger vollständige Mahlzeiten kaufen und vieles mehr.[6]

Worauf ich mit diesem komischen ersten Absatz noch hinaus wollte, war dieses: Der Einfluss von japanischer und koreanischer Popkultur in Taiwan ist, meiner Meinung nach, leider überwältigend. Beinahe ein Zehntel aller Läden sind komplett in pink eingefärbt. Als ich das zweite Mal mit der Hochgeschwindigkeitsbahn gefahren bin, war diese von außen komplett mit Comicfiguren zugepflastert. Und mein letzter Eindruck von Taiwan stand auch in dieser Tradition: Früh morgens suchte ich nach Gate C3 am Taibei-Taoyuan-Flughafen und entdeckte ein komplett „Hello Kitty“-fiziertes Gate. Ein genauerer Blick auf das Schild sagte mir, dass dies in der Tat Gate C3 war. Für einen Moment erwog ich ernsthaft, zu dem Duty Free Shop zurück zu gehen, der gratis Whiskyproben ausgegeben hatte.

Müllmusik

An einem der ersten Morgen in Taibei wurde ich plötzlich von quäkender Musik aufgeweckt, die mich sofort an die Musik des Eismanns erinnerte, welche alle Kinder in Hörweite aufforderte, den Eltern etwas Geld abzunehmen und dieses für Eis auszugeben. Aber wer zur Hölle würde zu dieser Tageszeit Eis verkaufen? Und noch viel interessanter: Wer würde es auch noch kaufen? Diese Fragen blieben erst einmal für weitere zwei Tage, obwohl ich die selbe Musik auch Nachts wieder hörte, ungeklärt. Erst später als ich schon in Tainan war, fand ich die Erklärung und sah die Quelle der Musik. Es war ein gelb gefärbtes Müllabfuhrauto, dessen Musik alle Menschen in Hörweite aufforderte, doch bitte den Müll runter zu bringen und ihn selber in die Müllabfuhr zu werfen. Dabei kam mir dann ein etwas komischer Gedanke: Es gibt auf diesem Planet 25 Millionen Menschen, die nicht an schöne klassische Musik den-

4 Es könnte natürlich auch sein, dass meine verrückte Fantasie Ursache dieser „Gerüchte“ ist.

5 Zum Vergleich: In den USA, dem Mutterland von 7-11 gibt es etwas über 8.000 Filialien. Aber die Staaten haben 300 Millionen Einwohner, während Taiwan nur 25 Millionen hat.

6 http://taipei543.com/2011/12/08/7-reasons-why-we-love-7-eleven-in-taiwan/

ken, wenn sie Tekla Bądarzewska-Baranowskas „A Maidens Prayer“ hören, sondern daran den Müll rauszubringen. Noch lustiger wird dieser Gedanke wenn man bedenkt, dass ursprünglich Beethovens „Für Elise“ die Müllmelodie war. So, und hier jetzt noch der Beweis:

http://www.youtube.com/watch?v=nqJpBVAfTrg

Bilder

http://www.flickr.com/photos/jlbosse/sets/72157639268166284/

bzw:

https://www.flickr.com/photos/jlbosse/ → Alben → Fuzhou and Taiwan

Aus Sicht eines Stadtschaftsfotografen[4] ist Taibei eine sehr interessante Stadt: Umgeben von Bergen gibt es viele Orte, von denen aus sich die Stadt gut fotografieren lässt. Und auch die Skyline ist so vermutlich einmalig in der Welt: Es gibt nur ein einziges richtig hohes Gebäude in der Stadt, den Taipeh 101. Auch wenn ich es nicht bis in den 101sten Stock geschafft habe, war ich von der Höhe beeindruckt: Der 101 ist nicht nur das höchste Gebäude Taibeis, sondern auch drei mal so hoch wie jedes andere Gebäude in der Nähe und sticht deshalb wie eine Nadel aus der Stadt in den

Taibei mit dem 101 von einem der umgebenden Berge aus gesehen.

Himmel.[5]

Und an diejenigen, die sich jetzt fragen was ich drei Tage lang in Taibei gemacht habe: Touristenzeug natürlich, aber dieses gibt nur eine Geschichte her, die es wert ist, aufgeschrieben zu werden. Mein Besuch im Nationalen Palastmuseum. Erzählenswert ist dieser Besuch nicht aufgrund der Exponate, die trotz allem nicht verachtenswert waren, sondern weil das Nationale Palastmuseum eines der besten Beispiele für die komplizierten Beziehungen zwischen Taiwan und China ist. Meine taiwanesische Gastgeberin erzählte mir, dass noch vor ein paar Jahren, bevor Taiwan sich für chinesische Touristen öffnete, ein Besuch im Palastmuseum eine sehr entspannende Angelegenheit war. Das Museum war beinahe menschenleer und man hatte Zeit, jedes Exponat so lange wie gewünscht zu studieren. Aber als ich im Museum war, waren die Mengen vergleichbar mit denen des öffentlichen Nahverkehrs in Beijing. Auch die Nationalität der Mengen war vergleichbar: Die meisten Besucher waren

4 „Stadtschaft" habe ich analog zum Wort „Landschaft" gebildet.

5 http://www.flickr.com/photos/jlbosse/11686763226/in/set-72157639268166284

Festlandchinesen, die hauptsächlich gekommen waren, um einen aus Jade geschnitzten Chinakohl zu sehen. Denn dieser war das berühmteste Exponat des Palastmuseums in Beijing, bevor die Kunmintang ihn von dort nach Taiwan mitnahmen und vor den anrückenden Kommunisten retteten (Taiwanesische Sicht der Dinge) / bevor die Kunmintang ihn aus dem Palastmuseum stahlen und seitdem nicht dem rechtmäßigen Eigentümer zurück gegeben haben. (Festlandchinesische Sicht der Dinge).

„Ihr habt den Kohl gestohlen!" „Nein, wir habe ihn gerettet"

Kenting und Chiayi

Nach einer Übernachtung in Tainan ging ich zusammen mit meiner Gastgeberin an die Südspitze Tawains, nach Kenting. Kenting ist eine sehr schönes Reiseziel für alle, die Strandurlaub in Taiwan suchen. Man kann dort schwimmen, surfen, die Gegend per Roller erkunden und natürlich das spärlich vorhandene Nachtleben genießen. Es fühlte sich einfach dort wie Sommerferien an, was etwas komisch war, wenn man bedenkt, dass es Mitte Dezember war und Taiwan noch auf der Nordhalbkugel liegt. Aber deshalb ist ein Besuch dort es immer wert, und ich würde gerne mal wieder gehen. Dort begann dann auch mein erstes Abenteuer, alleine zu Reisen. Denn meine Gastgeberin musste zurück zur Uni und ich hatte noch einige Tage in Taiwan übrig, die ich möglichst unterhaltsam gestalten wollte. Dies war eine der besten Entscheidungen, die ich auf diesem Trip gemacht habe.

Nach Kenting machte ich mich auf den Weg nach Chiayi, um Mt. Ali/阿里山 zu besteigen. Dummerweise hatte ich mich nicht allzu gut über Mt. Ali informiert und den Teil übersehen, wo es heißt, dass man Mt. Ali nicht besteigt, sondern einfach mit dem Bus bis nach oben gefahren wird. Um also doch noch zum Wandern zu kommen, entschied ich mich Mt. Ta, einen nahe gelegenen, höheren Berg zu besteigen. Aber meine Reiseabschnittsgefährten, die ich in Kenting kennen gelernt hatte und zufälligerweise in Chiayi wieder getroffen hatte, wollten nicht den ganzen Weg hoch gehen. In genau dem Moment, in dem ich mich entschied, alleine mein Glück zu versuchen, brach dann jemand aus dem Unterholz hervor und fragte, ob wir auch auf dem Weg zur Spitze von Mt. Ta seien. Das war ich ja und deshalb beschlossen wir, gemeinsam diesen Berg zu be-

Genau in dem Moment, als ich mich entschloss, alleine weiter zu gehen, kam jemand mit genau den selben Plänen vorbei. Backpackerleben!

den Englisch. Bei der Ankunft im Apartment meines Freundes (derselbe, dessen Eltern ich auch im Sommer in der chinesischen Pampa besucht habe) dachte ich erneut: Teuer! Es war schlicht und ergreifend winzig und in einem ziemlich schäbigen Gebäude. Trotz umgerechnet 1.000€Monatsmiete. Aber für mich immer noch besser als ein Hostel, was bei 30€pro Nacht angefangen hätte. Und ich wollte ja ganze 6 Nächte bleiben.

Am Tag nach meiner Ankunft sah ich mir „nur" die Stadt, wie sie tagsüber aussieht an. Alleine das Schlendern durch die Straßen Hongkongs ist schon beeindruckend. In der Innenstadt rund um den Victoriahafen schießt die Hongkonger Skyline in den Himmel, welche größtenteils aus verglasten Wolkenkratzern besteht. Geht man aber aus diesem modernen Stadtzentrum heraus, in die Viertel die sich die Durchschnittsbewohner Hongkongs leisten können, sieht man vor allem Betonblöcke. Hässliche Betonblöcke, bei denen man anhand der immensen Zahl an Klimaanlagen außen sehen kann, wie viele Apartments es innen gibt. Und ach ja, die Mischung aus chinesischer und britischer Kultur ist faszinierend anzuschauen.

Tausende Touristen irren nicht: Die Sicht vom Victoriapeak nachts ist beeindruckend!

Am Sonntag hatte ich dann einen echten Touristentag. Ein einheimischer Freund meines Gastgebers führte uns in das „Hongkonger Hinterland"; Also auf eine weiter vorgelagerte Insel die mehr an die südeuropäische Provinz am Mittelmeer erinnert als an eine amerikanische Großstadt. Kleine Restaurants in kleinen (ehemals) Fischerdörfern mit Seesicht und gemütliche Buchten mit Stränden erzeugten ein wirkliches Sommerurlaubsgefühl bei mir (im Oktober).

Tags darauf reichte ich dann endlich meine Visaantrag ein und am Nachmittag bin ich dann noch zur Hongkong University of Science and Technology, um einen Freund aus Deutschland dort zu besuchen und mir spaßeshalber die Uni anzuschauen und einer Elektrotechnikvorlesung beizuwohnen.

Am Donnerstagmorgen traf ich mich dann mit einer ehemaligen Klassenkameradin meines Gastgebers, die in Hongkong internationalen Journalismus studiert und für eine Hausaufgabe außergewöhnliche Menschen mit interkulturellen Erfahrungen zum Interviewen suchte. Ich durfte ihr erneut von meiner Erfahrung mit chinesischer Medizin erzählen. Abends musste ich dann noch Touristisches nachholen, was ich die Tage zuvor versäumt hatte: Auf den Victoriapeak zu fahren und die Skyline bei Nacht zu sehen, auch wenn ich dafür zwei Stunden für die Tram anstehen musste. Danach ging es dann noch in das Hongkonger Partyviertel. Was sein muss, muss sein. Bei diesen Vergnügungen durfte ich dann auch eine Betreuerin aus den Camp wiedertreffen, die ich eigentlich in Beijing vermutet hatte.

Und am Freitag ging es dann zurück nach China, und nachdem ich zwei Stunden lang im Niemandsland zwischen Hongkong und China in den verschiedensten Schlange angestanden hatte, wurde ich auch endlich rein gelassen, wenn auch nur für die nächsten 30 Tage, da das Konsulat mir keine 90 Tage im Visum gewähren wollte. Nach einem gemeinsamen Abendessen mit einer anderen deutschen Freiwilligen in Shenzhen ging es dann für eine Nacht ins Hostel und am Samstag Morgen um 6:00 zum Bahnhof, um dann für 10 Stunden im Zug nach Beijing zu sitzen.

Die Stadt und der Lebensstil dort

Anders als bei einem Aufenthalt in der chinesischen Pampa, kann ich diesmal nicht so generell über „den Lebensstil" in Hongkong sprechen, da die Lebensbedingungen hier viel heterogener sind als in der chinesischen Pampa. Ich kann jetzt also nur die Lebensbedingungen eines halbwegs armen Festlandstudenten beschreiben. Die sehen in etwa so aus: Für umgerechnet 300€im Monat gibt es ein Schlafzimmer doppelt so groß wie das Bett darin und eine winzige geteilte Küche, sowie ein Badezimmer. Dieses Apartment befindet sich dann in einem riesigen Betonblock irgendwo an einer großen Straße in Kowloon[2], dessen öffentliche Treppenhäuser ziemlich herunter gekommen sind. Die meisten Mahlzeiten bestehen entweder aus Reis mit etwas Gemüse oder aus Nudeln mit etwas Gemüse. Ordentliche Mengen Fleisch oder ein Besuch im Restaurant sind absoluter Luxus, da die Preise in Hongkong ziemlich nahe an denen in Europa dran sind. Dementsprechend kann man maximal zwei Mal im Monat Abends feiern gehen.

Im Bericht über Linfen sagte ich es bereits: Das arme Leben in der Pampa ist besser als das in der Stadt!

Aber Hongkong hat alleine aufgrund seiner Lage schon gewisse Vorzüge: Eine ganze Menge Berge, die nicht bebaut werden können, da sie zu steil sind, und eine ganze Menge Wasser, dass durchaus bebaut werden kann, wenn man genügend Erde rein kippt, brechen die Betonwüste auf und sorgen dafür, dass man nicht vergisst, dass man im schönen Süden von China direkt am Meer ist. Sie sorgen allerdings auch dafür, dass das bebaubare Land umso enger bebaut ist, die Apartments in den Betonblö-

2 Kowloon ist der Festlandteil Hongkongs, während Hongkong die größte der Inseln ist.

cken verdammt klein sind und die Mietpreise so hoch wie die Gebäude. Schöner als diese Apartments sind die Villen der Reichen am Victoriapeak, welche beeindruckend den Unterschied zwischen arm und reich in Hongkong zeigen. Purer Kapitalismus halt, der so nur in Hongkong gedeihen konnte, dessen Reichtum sich aus der britischen Kolonialgeschichte und denn billigen Arbeitern aus dem Festlandchina nährt. Aber Hongkong ist grade deshalb eine absolut faszinierende Stadt, die ein armes Landei wie mich erstmal mit Reizen überflutet.

Kulturelle Differenzen

Mein Besuch in der HKUST hat mir noch einmal einen ganz anderen Aspekt meines Jahres in China gezeigt: Den kulturellen Unterschied zwischen „Westlern“ und Chinesen, der mir selber bisher gar nicht so schlimm aufgefallen ist. Denn die Studenten der HKUST bestehen zu einem Drittel aus Festlandchinesen, zu einem Drittel aus Einheimischen und zu einem Drittel aus Ausländern von überall aus der Welt, wie eben meinem deutschen Freund dort. Diese drei Gruppen sind dann auch in etwa die drei Gruppen, die untereinander befreundet sind, wobei es Überschneidungen zwischen den Hongkongern und den Ausländern gibt. Aber zwischen diesen Gruppen und den Festlandchinesen gibt es kaum Überschneidungen in den Freundeskreisen und in meinen Gesprächen mit den Ausländern dort wurde fast abfällig über „those Mainlandpeople“ gesprochen. Offenbar war für die meisten Studenten der kulturelle Unterschied nicht nur zu groß, sondern auch nicht interessant genug, um überwunden zu werden. Ansonsten gilt über die HKUST vor allem Folgendes: Sie ist ein bisschen elitär und hat die höchste Selbstmordrate aller Hongkonger Unis.

Eigentlich ist es für mich gar keine so große Leistung, für ein Jahr nach China zu gehen. Gemessen an dem, was manche meiner Freunde hier schon geleistet haben.

Dieser kulturelle Unterschied wurde mir auch bewusst, als ich im Anschluss an das erwähnte Interview mich noch mit meiner Interviewerin unterhalten habe. Es war für mich sehr interessant, eine weitere (zugegebenermaßen außergewöhnliche) chinesische Biographie zu hören und damit einen weiteren Einblick in das Leben in China und die Sorgen der heutigen Jugend dort zu gewinnen. Und als Fazit dieser Unterhaltung mit ihr, aber auch mit anderen Menschen, denen ich hier begegne, kann ich nur sagen: Zwar höre ich immer wieder respektvolle Kommentare, wenn ich von meinem Abenteuer erzähle, denke aber, dass diese Menschen schon deutlich mehr geschafft haben, als ich vielleicht je schaffen werde. Denn sie haben es aus den kleinsten Dörfern irgendwo im chinesischen Hinterland an die Topunis in Hongkong geschafft. Dazu mussten sie die besten Studenten ihrer jeweiligen Provinz sein. Mein Leben bisher war damit verglichen beinahe gradlinig und vorgezeichnet. Das ich nach China gegangen bin, ist für jemanden mit meinem Hintergrund (deutsch, Kind des Bildungsbürgertums und einer leicht alternativen Familie) keine so besondere Sache.

Chinesische Bürokratie

Um mein neues Visum zu beantragen, musste ich um halb sieben aufstehen, um eine Stunde vor Öffnung des chinesischen Konsulates dort zu sein und einen der vorderen Plätze in der Schlange der Visabeantragenden zu erwischen. Denn als das Konsulat öffnete, standen schon beinahe 200 Menschen davor mit ihren Anträgen. Als ich dann nach etlichen Sicherheitschecks an der Reihe war, nahm die Beamtin meine Unterlagen kommentarlos entgegen, überflog sie schnell, machte mit einem Kugelschreiber Häkchen rein, sagte dann ohne aufzuschauen „Pickup Thursday!“ und gab mir ein Zettel mit meiner Antragsnummer. Folglich bin ich dann am Donnerstag wieder zum Konsulat, um hoffentlich ein 90-Tage Double Entry Visum abzuholen. Gab es aber nicht, sondern nur zwei Mal 30 Tage. Mal schauen, ob ich in Beijing das Visum verlängern kann, oder in einem Monat schon wieder aus China raus muss.

Zur Zeit sieht die Situation mit dem Verlängern so aus: Ich kann mein Visum nur um einen Monat verlängern, muss dafür aber für jeden verlängerten Tag 100 USD auf meinem Konto haben, also 3000 USD insgesamt. Dieses Geld brauche ich nicht, um das Visum zu zahlen, sondern um nachzuweisen, dass ich genügend Geld für einen touristischen Aufenthalt in China habe. Und natürlich ist eine Verlängerung auch immer von der Laune des bearbeitenden Beamten abhängig. Also mal schauen, ob ich schon Mitte November weitere Teile Südostasiens erkunden „muss“ oder erst Mitte Dezember.

Bilder

https://www.flickr.com/photos/jlbosse/sets/72157636526599674/
bzw
https://www.flickr.com/photos/jlbosse/ → Alben → Hongkong

Zwei kurze Geschichten aus Fuzhou

Versteckter Kommunismus und Kuhmagen

Versteckter Kommunismus

Je besser mein Chinesisch wird, desto mehr bemühe ich mich auch zu lesen. Infolgedessen fiel mir an den Bushaltestellen in Fuzhou etwas seltsames auf: So wie in Deutschland auf dem Asphalt von Bushaltestellen manchmal groß "BUS" gesprüht ist, stehen auf dem Asphalt in Fuzhou die chinesischen Zeichen 公 (gong (öffentlich, Regierungseigen)), 交 (jiao (übergeben, liefern)) und 车(che, (Fahrzeug)). Wenn man diese in der Reihenfolge liest, in der der Bus sie überfährt, also von unten nach oben, liest sich das ganze 公交车 (gongjiaoche) und übersetzt sich als "öffentliches Lieferfahrzeug" oder besser "Linienbus". Aber wenn man die drei Zeichen von oben nach unten liest, was deutlich normaler ist, wird daraus 车交公 (che jiaogong), was übersetzt wird mit "Fahrzeug (dem) Staat liefern". Oder genauer "Autos verstaatlichen!".

Jetzt stellt sich mir nur doch Frage, ob das ein Unfall ist, oder ganz dezente Propaganda auf der Straße.

Exotisches, oder eben doch nicht so exotisches, Essen

Eine Reise in China egal in welche Provinz kann auch immer ein kulinarisches Abenteuer sein. Demnach bemühe ich mich auch immer, mit der Haltung "Ich esse so ziemlich alles" durch China zu reisen. Infolgedessen lasse ich in Restaurants auch meistens für mich wählen, anstelle selber zu wählen, um neue Gerichte zu probieren.

So kam es auch, dass ich diesmal ein Fuzhou eine Suppe aufgetischt bekam, über deren Inhalt mir nichts gesagt wurde, außer dass es eine Spezialität aus Fuzhou sei. Fuzhou liegt am Meer, also dachte ich bei dem komischen weißlichen Zeug in besagter Suppe auch erstmal an irgendwelche Algen und nach dem ersten Bissen an irgendwelche Oktopusse oder ähnliches. Falsch! wurde mir beschieden. Für meinen nächsten Rateversuch wollte ich also besser vorbereitet sein und schaute mir besagtes Zeug genauer an. Die Oberfläche auf der einen Seite war sehr rau und sah beinahe nach einer Oberflächenmaximierung aus, während die Oberfläche auf der anderen Seite fleischähnlich war. Aus der Schule erinnerte ich mich, dass diese Strategie der Oberflächenmaximierung für Darminnenwände typisch ist, da die meisten für die Verdauung notwendigen Reaktionen auf der Darminnenwand stattfanden. Also ging ich jetzt mal davon aus, dass es sich um den Darm von irgend einem Tier handelte, aber ich wusste noch nicht um welches Tier. Um das herauszufinden, musste ich nur die Nase aufhalten, denn der Geruch der Suppe setzte eine gewisse Assoziationskette bei mir in Gang:

Sommerferien in den Alpen → Wiesen dort → Kühe darauf → Kuhfladen!

Auf Nachfrage wurde mir dann auch bestätigt, dass ich damit richtig lag. Diese Fuzhouer Spezialität war schlicht und ergreifend Kuhmagensuppe. Dem eindeutig zu identifizierenden Geruch nach war es einer der Mägen am Ende der Verdauungskette der Kuh.

Mal eben nicht zugehört – und zack!

Wie ich eine Nacht in einem buddhistischen Tempel schlief

Ähnlich der Geschichte des Wasserrohrbruchs gibt es auch diesmal nur die Beschreibung der Geschehnisse einer Nacht. Sie sind aber eben auch ähnlich eindrücklich.

Vorgeschichte

Die meisten Abenteuer kommen ja unerwartet, so war es auch diesmal. Auch wenn ich das Abenteuer diesmal nicht wirklich ungeplant war, sondern ich einfach mal wieder nicht richtig zugehört hatte: Meine Reisepartnerin wollte sich unbedingt ein kleines Dorf irgendwo im nirgendwo Chinas anschauen. Nachdem ich die letzten drei Tage bestimmt hatte, wo wir hingehen und was wir anschauen und damit nicht immer ihren Geschmack getroffen hatte, hatte ich keine wirkliche Ausrede, um nicht mitzukommen. Also begaben wir uns auf den Weg und nach drei Stunden Busfahrt in Bussen mit abnehmendem Komfort, es ging ja von der Stadt ins Nirgendwo, einer Fahrt in einem privat angeheuerten Taxi und einer weiteren Stunde Wanderung auf einen Berg hinauf erreichten wir dann unser Ziel. An diesem Ziel hatte ich, weil ich bei der Reisebeschreibung nicht so genau zugehört hatte, ich hatte ja ohnehin keine Ausrede nicht mitzukommen, ein kleines Hotel erwartet, ein Gästehaus oder Ähnliches. Was uns erwartete fiel nicht einmal in die Kategorie „Ähnliches“: Es war ein winziges buddhistisches Kloster. Nachdem meine Reisepartnerin nachgefragt hatte, ob wir die Nacht dort bleiben können und wir ein Zusage erhalten hatten war dann auch entschieden, wo die Nacht zu verbringen war.

Wer einfach mal „Ja“ sagt, wird schon an einen spannenden Ort gelangen

Das Kloster

Kernstück dieses Klosters war nicht besonders überraschend eine zwar deutlich überlebensgroße, aber nach den Standards hier doch relativ kleine Buddhastatue in dem Hauptraum des Klosters. Diese fiel mir beim Eintreten in den Hauptraum noch vor dem penetranten Geruch von Räucherkerzen auf. Danach fielen mir die Kissen vor der Buddhastatue auf, die für Gläubige zum Beten bereit lagen. Es waren mehr Kissen, als sich wohl Gläubige gleichzeitig dorthin verirren werden. Neben dem zentralen, überlebensgroßen Buddha zierten noch zahlreiche, kleinere Statuen die Wände.

Hinter der Buddhastatue aber stand gut versteckt ein Verstärker und ein Lautsprecher älterer Bauweise. Diese dienten dazu, die Gesänge der Mönche morgens und abends zu verstärken. Trotz der älteren Bauweise funktionierte das erstaunlich gut und ich war für einen Moment beeindruckt von der Stimmgewalt des einzeln singenden und dort einzigen Mönches. Alles in allem konnte man in dem Hauptraum durchaus vergessen, durch den Verstärker noch mehr dazu verleitet, dass man nur in einem winzigen Kloster irgendwo im Nirgendwo ist.

Wenn man allerdings in das Wohnzimmer eintrat, wurde einem dies schlagartig wieder bewusst. Mitten im Raum stand ein kleiner Tisch auf dem ein kleinerer Röhrenfernseher thronte. Zum Zeitpunkt unserer Ankunft lief eine Reportage über die große kommunistische Revolution in China, die ganz bestimmt nicht propagandistisch eingefärbt war... Später wurde das Programm zu einer Aufnahme, einem zweistündigen Mitschnitt einer Zeremonie in einem anderen buddhistischen Tempel in Taiwan, geändert, bei denen der Mönch während der Gesangsstellen mitsang während wir eine Tasse Tee nach der anderen tranken. Des weiteren befand sich in dem Raum – logischerweise auf den Fernseher blickend – ein relativ altes aber gemütliches Sofa und davor ein niedriger Teetisch auf dem uns der Tee zubereitet wurde. Für die erste Tasse Tee nahm man sich auch alle notwendige Zeit und führte alle Schritte durch, die für eine ordentliche Teezeremonie nötig sind. Danach wurde aber ohne weitere Höflichkeiten einfach heißes Wasser nachgegossen.

Um den Mangel an Sängern wett zumachen wurde ein Verstärker eingesetzt

Nach einem extrem schlichten, vegetarischen Abendessen, für dass sich so mancher neureicher Chinese, den ich bisher kennen gelernt habe, geschämt hätte und einer letzten Kanne Tee ging es dann ins Bett. Das Schlafzimmer sah ziemlich genau so aus, wie man es in einem Kloster erwartet: Ein Nachttisch, daneben ein Bett und sonst nichts. Dieses Bett aber war zwar nicht besonders weich, aber nach allem, was ich bisher in China schon beschlafen habe, hat dessen Gemütlichkeit doch einen Platz in meinen Top 5 der besten Betten verdient. Ich meine, immerhin hatte es eine Matratze die dicker war als 5 cm. Darüber war ich wirklich überrascht!

Das „Personal“

Gleich bei der Ankunft im Kloster sahen wir die ersten zwei Bewohner des Klosters: Während der Mönch eine Hand voll Räucherstäbchen vor einer kleineren Buddhastatue draußen schwenkte, schweißte ein weiterer Bewohner des Klosters ohne Schutzbrille, worüber er sich am nächsten morgen noch ärgern sollte, einen Kerzenständer zusammen. Er war es auch, der uns zuerst Tee anbot und zumindest die nötigsten Fragen klärte, während der Mönch vorerst nur mit einem unergründlichen Lächeln die Gäste beobachtete. Beide waren um die 40 Jahre alt.

Die Menschen in dem Kloster schienen nicht aus einer anderen Zeit zu kommen. Vielmehr hatten sie die Idee eines buddhistischen Klosters mit den heutigen technischen Möglichkeiten verknüpft

Die dritte Person im Kloster war ein Großmütterchen, die ihr Alter mit „Ich bin noch jung“ angab und deren Aufgabe hauptsächlich das Kochen war. Sie war auch die gesprächigste dort, nur leider sprach sie ausschließlich ihren lokalen Dialekt, so dass meine chinesische Reisepartnerin und ich ähnlich ratlos zuhörten. Sie verstand zwar mehr Worte als ich, ich hatte aber nach einem halben Jahr in China schon einige Übung darin gesammelt, mir aus nur wenigen verstandenen Schlüsselworten einen Reim auf einen Satz zu bilden.

Später erfuhren wir dann mehr über das Leben des Mönches: Er hatte, wie wohl jeder junge Mann in China, bei der Armee gedient und war auch einigermaßen stolz darauf. Danach ging er zu einem anderen Kloster und lernte dort Kung-Fu, was er uns auch stolz zeigte. Die Vorführung hätte jede eventuelle böse Absicht in einem Besucher sofort zunichte gemacht.

Während dieser Vorführung war sein Mitarbeiter dabei, den Verstärker aus dem Hauptraum zu reparieren und ich bot, nachdem ich doch einige Erfahrung mit derartigen Reparaturen habe, meine Hilfe an. Diese war aber glücklicherweise nicht nötig. *Glücklicherweise* weil ich mit den vorhanden Mitteln nicht viel hätte bezwecken können, bzw. mich für meine Arbeit hätte schämen müssen. Ihm aber gelang es, den Verstärker wieder zuverlässig zum Laufen zu bringen. Für wie lange hängt wohl davon ab, wie oft er bewegt wird.

Küssende Dinosaurier

Ein Trip in die Wüste, die überraschend bevölkerte innere Mongolei

Hier ist die Geschichte, wie ich vier weitere Stempel in meinem Reisepass brauchte, um zwei weitere Monate in China leben zu dürfen und wie ich dazu in eine Stadt gereist bin, welche ihren zweifelhaften Ruhm von zwei küssenden Plastikdinos bezieht.
Hier ist die Geschichte, wie ich nach Erlian/二连 gefahren bin für einen Visarun.

Der Weg nach Erlian

Jep, zwei küssende Plastikdinos. Erlians größter Touristenmagnet, zieht aber nicht allzu viele Touristen an.

Wie schon in dem Beitrag über die Reise nach Taiwan erwähnt, wähle ich meine Fortbewegungsmittel nicht nach Komfort, sondern nach Preis, um möglichst viel von meinem wenigen Geld für andere Vergnügungen übrig zu haben. Das billigste Fortbewegungsmittel von Beijing nach Erlian ist der Übernachtbus. Obwohl es in diesem Betten gibt, muss sich ein verwöhntes Erste-Welt-Kind wie ich mit seinen 1,85m doch erstmal von seinen Komfortstandards in diesem Bus verabschieden. Die Reise sah nämlich so aus: Nach der Abfahrt um 8 Uhr, entgegen dem Fahrplan, welcher diese für 6 Uhr angesetzt hatte, scheiterte ich 10 Stunden, mit Kopf und Füßen gegen ihr Ende des 60 cm breiten Bettes pressend, ordentlich zu schlafen. Das war aber nur teilweise Schuld der Bettgröße, zu einem guten Teil war aber auch der Lärmpegel verursacht durch Motor und Klimaanlage Schuld. Des weiteren sind Straßen in China nicht immer schlaglochfrei... Und außerdem war der Fahrer offenbar nicht in der Lage, die Bedeutung des Piktogramms über ihm mit einem roten Balken über einer Zigarette zu erraten. Oder er ignorierte es absichtlich. Vermutlich letzteres.

Abseits der offiziellen Weges

Ich war schon darauf vorbereitet, weitere zwei Stunden in der Busstation zu warten, da der Bus vermutlich genau um so viel zu spät abfahren würde, als ich bei besagter Busstation ankam und mir dort eine älteren Frau energisch ein Platz in einem Taxi nach Beijing anbot. Das Taxi sollte 马上 /mǎshàng abfahren, Beijing in nur sieben Stunden erreichen und nur 300 Yuan kosten. 马上 bedeutet wörtlich übersetzt „auf dem Pferd", aber bedeutet „sofort". Ich verstand korrekterweise letzteres, aber angesichts der Pferdeäpfel am Straßenrand wäre ersteres durchaus auch eine Option gewesen. Ich erklärte der Frau, dass ich schon ein Ticket für nur 220 Yuan hätte und wollte in die Busstation gehen. Aber sie beharrte und erklärte mir, sie könne das Ticket wieder zum vollen Preis zurück geben, senkte den Preis auf 250 Yuan und meinte, der Fahrer würde mich in Beijing überall hinfahren. Also gab ich ihr mein Ticket. Aber direkt nachdem sie damit losgezogen war, beschlich mich das ungute Gefühl, grade so richtig abgezockt worden zu sein. Aber sie kehrte zurück, nahm die verbleibenden 30 Yuan Preisdifferenz von mir und führte mich zu Auto und Fahrer. Was für eine Erleichterung, es gab tatsächlich ein Auto! Doch direkt danach sprintete der Fahrer „Schlüssel" murmelnd davon. Da stand ich nun 250 Yuan ärmer und ohne Busticket zurück. Jetzt fühlte ich mich schon wieder, als sei ich abgezogen worden. Aber der Fahrer kehrte zurück und wir fuhren los. Also beinahe, erst einmal gurkten wir noch eine Stunde durch die Stadt, um weitere Fahrgäste aufzusammeln.

Danach ging das Abenteuer der Rückfahrt nach Beijing in einem schwarzen Taxi[4] 8 Stunden lang durch die Wüste Gobi los. Außer dem Fahrer konnte niemand in dem Auto Mandarin sprechen und ich durfte feststellen, dass ich all meine Russischkennt-

4 „schwarz" bezieht sich hier nicht auf die Farbe des Autos, sondern auf den legalen Status. Gut, das Auto war auch schwarz.

nisse aus der Schule mittlerweile vergessen hatte. Ich war nicht einmal in der Lage, den einen russisch sprechenden Mongolen im Auto zu fragen, warum er denn nach Beijing fährt. Also beschloss ich, statt Konversation die Landschaft zu genießen und den nervigen Mix von westlicher Clubmusik und M-Pop[5] zu ignorieren, den uns der Fahrer aufzwang. Diese Landschaft sah ziemlich lebensfeindlich aus und bestand für die ersten 150 km nur aus Sand und Straße. Aber die Wüstenratte, die sich an einem Vogelkadaver auf der Straße labte und unserem Auto nicht schnell genug aus dem Weg rennen konnte, bewies, dass nicht die Landschaft lebensfeindlich ist, sondern unser Auto. Nichtsdestotrotz genoss ich die vorbeiziehende Landschaft: Sie war die Definition von „weit“, „offen“ und „flach“. Die weiten Leeren zwischen den Jurten der Nomaden sorgten dafür, dass sich diese Landschaft wie alles anfühlte außer China. Aber nach einer Weile stellte ich fest, dass die Jurten desto enger zusammen standen, je mehr Gras zu Verfügung stand. Der vorhandene Platz war also wieder einmal, wie so oft in China, maximal ausgenutzt. Ich bedauerte es sehr, meine Kamera im Kofferraum gelassen zu haben

Noch mehr bedauerte ich dies nach dem Abendessen in einer kleinen Stadt nach dem Sonnenuntergang. Der Mond ging mit einem guten Happen fehlend und komplett rot gefärbt auf. Das verwunderte mich doch ein bisschen, denn die Luft in der inneren Mongolei war eigentlich, anders als in Beijing, ziemlich sauber. Es bestand also kein augenscheinlicher Grund für die rote Färbung. Dann fiel mir auf, dass der Happen oben fehlte, wo doch der fehlende Teil zwei Nächte vorher unten links war. Außerdem hat der fehlende Teil eines Beinahe-Vollmondes nie Happenform. Nachdem ich mich fertig gewundert hatte, war der Spuk auch vorüber und der Mond strahlte weiß und voll auf die Wüste Gobi. Erst wenig später erzählte mir ein Freund via WeChat (dem chinesischen WhatsApp), dass ich soeben die letzten Minuten einer Mondfinsternis über der Wüste Gobi beobachtet hatte. Was war ich sauer auf mich, dass meine Kamera immer noch im Kofferraum lag!

Ca. um halb zwölf nachts kamen wir dann in Beijing an und der Fahrer weigerte sich, mich zu der Schule in den Außenbezirken Beijings zu fahren, obwohl mir beim Einstieg in das Auto zugesichert wurde, er würde mich überall in Beijing hinfahren können. Also stieg ich in Changping, einer Suburb Beijings nahe der Schule, aus und nahm ein weiteres schwarzes Taxi zu der Schule. Dieses musste ich selber zahlen und demnach war die ganze Aktion mit dem schwarzen Taxi es finanziell nicht wert. Sie war aber ein großartiges Abenteuer!

5 Mongolischer Pop analog zu K-Pop (koreanischer Pop)

Ich verlor mein Handtuch

Und deshalb sollte Unglück über mich kommen

Bisher habe ich keine minutiösen Protokolle von meinen Reisen geschrieben, da ich dann zu viele Banalitäten hätte schreiben müssen. Aber diese letzte Reise zum 长白山/Mt. Changbai war abenteuerlich genug, um einen solches minutiöses Protokoll zu rechtfertigen.
Ich war perfekt vorbereitet für den Trip mit einem Handtuch am Rucksack fest gezurrrt, einem elektronischen Reiseführer, der die Worte „Keine Panik" in großen, beruhigenden Lettern anzeigt wenn er ausgeschaltet ist, und einem Handy mit der großartigen Übersetzungsapp „Pleco", deren Logo amüsanterweise das chinesische Zeichen für Fisch ist.[1]

Gewöhnliches Pech

Die Idee hinter diesem letzten Trip zu Mt. Changbai war es endlich den Nordosten Chinas zu sehen, wo die Menschen angeblich riesig sind und Frauen wie Männer trinken können. Außerdem wollte ich dort wandern gehen und den weltweit höchstgelegenen Kratersee an der nordkoreanischen Grenze sehen.

Also bat ich eine Kollegin, mir die benötigten Zugtickets zu der Stadt am nächsten zum Berg zu buchen. Leider waren nur noch Sitztickets übrig, keine Betten und die Fahrt wäre 20 Stunden lang gewesen, also entschied ich mich, zu einer anderen größeren Stadt 长春/Changchun nahe dem Berg zu fahren und von dort mit dem Bus nach 白河/Baihe zu fahren. Auf dem Rückweg gab es glücklicherweise noch Schlaftickets in einem 20-Stunden-Zug, der am Nachmittag vor meinem Rückflug nach Deutschland in Beijing ankam. Allerdings ging dieser Zug nicht von Baihe ab, sondern von Baihe Xian, einem anderen Bahnhof in der selben Stadt. Dachte ich zumindest.

Nachdem ich alle Vorbereitungen für den Rückflug nach Deutschland getroffen und all meine Habseligkeiten in einem riesigen Rucksack verstaut hatte, packte ich noch einen weiteren kleineren Rucksack mit den Sachen für diesen letzten Trip und verließ die Schule, um zum Beijinger Westbahnhof zu gehen, denn von dort waren alle Züge die ich früher genommen hatte abgegangen. Dort musste ich mich dann 20 Minuten

1 An die diejenigen, die Douglas Adams gelesen haben, aber die Anspielung nicht verstanden habe ich hier einen letzten Hinweis: Biblische Stadt mit fünf Buchstaben. Anfangsbuchstabe „B".

anstellen, um mein Ticket durch Vorzeigen der Buchungsnummer zu bekommen. Die Bahn sollte 25 Minuten später abfahren.

Doch als die Schalterdame mir das Ticket übergab, erklärte sie mir noch, dass dieser Zug nicht von Beijing West abfährt, sondern von Beijing Bahnhof. Scheiße! Ich hatte noch 15 Minuten, um dorthin zu gelangen, wenn ich irgend eine Chance haben wollte, den Zug noch zu erwischen. Und auch dann hätte ich mich noch ziemlich brutal durch die Menschenmengen im Beijinger Bahnhof kämpfen müssen. Trotzdem entschied ich mich, es zu riskieren, rannte zum nächsten Taxi, erklärte meine Situation und zahlte viel zu viel für die Strecke zwischen den beiden Bahnhöfen. Aber der Fahrer tat sein Bestes, um mich pünktlich abzusetzen, doch der Stau hinderte ihn daran, sein volles Rennfahrertalent zur Schau zu stellen.

Mein Pech schlug so früh wie möglich zu...

Kurz: Ich verpasste den Zug, konnte mein Ticket aber gratis für ein Stehticket am nächsten Morgen umtauschen. Nach kurzer Suche fand ich auch ein überteuertes Hostel in Bahnhofsnähe mit einem freien Bett. Die Fahrt nach Changchun am nächsten Morgen lief problemlos, auch wenn sechs Stunden Stehen kein großer Spaß sind. Sofort nach Ankunft war ich umgeben von Taxifahrern, die dem reichen Ausländer ihre Dienste anboten, um tief in sein Portemonnaie greifen zu dürfen. Ich entschied mich nach kurzer Verhandlung für den günstigsten und erklärte ihm, dass ich mit dem Langstreckenbus nach Baihe fahren will. Er nickte verstehend und fuhr mich zu der entferntesten Langstreckenbusstation. Das Dumme war nur: Von dieser Haltestelle aus fuhr gar kein Bus nach Baihe, aber sie war weiter vom Bahnhof weg als die richtige Haltestelle... Also ging es mit einem weiteren Taxi durch die halbe Stadt zurück zu der richtigen Station.

„Insufficient funds“

Leider waren alle Tickets nach Baihe für diesen Tag schon ausverkauft und ich musste über Nacht in Changchun bleiben, um am nächsten Tag den Bus frühmorgens zu nehmen. Danach musste ich auch noch zur Bank, um Geld abzuheben, denn ich hatte nur noch 300RMB (38€) übrig, gerade einmal genügend Geld, um ein paar Tage in China zu überleben, aber bei weitem nicht genügend, um die lächerlich hohen Parkeintrittsgebühren zum Mt. Changbai zu bezahlen. Aber anstatt rote Papierfetzen mit Maos Portrait darauf auszuspucken, meinte der

...und fand bald noch mehr Möglichkeiten sich zu verwirklichen...

Geldautomat nur „Insufficient funds for this action“ und mir wurde klar, dass dieser Trip nicht so spaßig und erholsam werden würde wie erwartet. Nun musste ich nach der günstigsten Übernachtungsoption in Changchun suchen und zog dazu mein Handy aus der Hosentasche. Also, das wollte ich zumindest machen, aber in der Hosentasche war einfach kein Handy zu finden. Das Handy war mir offenbar im Taxi aus der Tasche gefallen. Scheiße! Direkt danach fiel mir zu allem Überfluss noch auf, dass sich mein Handtuch auch vom Rucksack gelöst hatte und sich von mir getrennt hatte. Fans von Douglas Adams wissen, was das bedeutet: Ich war kein cooler Frood mehr. Ich wusste nicht, wo mein Handtuch ist! Die Reise war nun offiziell verflucht.

Ich war ziemlich genervt und sauer auf diese plötzlichen Wendungen der Geschichte, schaffte es aber, dem Ratschlag auf meinem E-Book zu folgen. Ich hatte seit 14 Stunden nichts gegessen. Essen klang nach einer sehr guten Idee. Billiges Essen. 5 Yuan (60 Cent) für eine Schale voll Nudeln waren genau das, was ich suchte. Mit frisch gefülltem Magen begann ich, aktiv zu werden und meine Probleme zu lösen. Übernachtung! Ich fragte die Bedienung, ob sie eine super billige Übernachtungsoption in der Nähe kennt. Sie kannte eine. 40 Yuan (5€) für ein Zimmer mit Miefquirl, Bett und einer alten Glotze erschienen mir fair. Das erste Problem war gelöst.

Die große Firewall

Nun musste ich mich an das Geldproblem machen und dazu erst einmal Handynummern von Menschen, die mir helfen können, kriegen. Denn natürlich waren alle wichtigen Handynummern und E-Mailadressen zusammen mit dem Handy von mir gegangen. Der beste Ort, um wenigstens die Handynummern und Adressen zurück zu erhalten, schien mir, ein Internetcafé zu sein. Alle mitdenkenden Leser werden jetzt vermutlich denken „Internet und China? Das passt nicht wirklich zusammen“, und das tut es tatsächlich nicht. Die ersten paar Internetcafés, in denen ich mein Glück versuchte, haben mich nicht einmal an ihre Computer gelassen, weil jeder Benutzer in einem chinesischen Internetcafé sich mit seiner ID registrieren muss, damit seine Sitzung von der Regierung protokolliert werden kann. Als ein Ausländer hatte ich natürlich keine chinesische ID und demnach gab es auch kein Internet für mich. Erst im vierten Internetcafé bot der Besitzer an, ich könne meine Sitzung mit seiner ID registrieren. Nun dürfte sein Internetverlauf für einiges Stirnrunzeln bei den chinesischen Internetaufpassern sorgen,

...so effektiv es ging!

finden sich doch plötzlich deutsche Websites und fehlgeschlagene Versuche, Google zu erreichen neben einer langen Liste chinesischer Websites in seinem Verlauf.

Apropos „gescheiterte Versuche Google zu erreichen“: Ich benutze Gmail, was bedeutet dass alle meine Kontakte mit der Googlecloud synchronisiert sind. Das ist ziemlich nützlich, wenn man z.B. sein Handy verliert und die Kontakte auf dem neuen Handy wieder herstellen will. Aber Google ist gelegentlich nicht erreichbar in China. Und zu dieser Gelegenheit war es tatsächlich mal wieder nicht erreichbar. Das bedeutet, ich hatte immer noch keine Möglichkeit, nach Hilfe zu rufen oder die Buchungsnummer für das Zugticket zurück zu erhalten, die ich zusammen mit dem Handy verloren hatte. Und natürlich wusste ich nicht eine E-Mailadresse oder gar Handynummer auswendig; Smartphones haben derartige Gedächtnisanstrengungen einfach vollkommen überflüssig gemacht. Die einzigen E-Mailadressen, an die ich mich erinnerte, waren die meiner Eltern und Geschwister, da diese nach dem Schema name.nachname@provider.de aufgebaut sind, sowie Yanhong Wheelers E-Mailadresse. Yanhong ist lose mit der Waldorfschule in Beijing verbunden. Also schrieb ich, meinen zweiten E-Mailaccount bei einem anderen Provider nutzend, eine E-Mail an meine Familienmitglieder, in der ich meine Situation erklärte, ihnen meine Kontodetails zu dem Gmailkonto gab und sie bat, sich dort einzuloggen und mir die benötigten Handynummern an meine zweite E-Mailadresse zu senden. Dann schrieb ich noch eine E-Mail an Yanhong, in der ich sie direkt bat, mir die benötigten Kontaktdaten zu senden. Danach konnte ich nur noch darauf warten herauszufinden, wer schneller antwortet.

Nun war des Tages Arbeit getan und es war Zeit, etwas zu trinken, um die nagenden Sorgen zu betäuben und vor ihnen in den dringend benötigten Schlaf zu fliehen. Nachdem alles Bier leer war, fiel mir noch auf, dass ich am nächsten morgen früh raus musste und keinen Wecker hatte, um mich pünktlich aufzuwecken. Uuups.

Ein neuer Tag

Ich wachte glücklicherweise trotzdem pünktlich auf, erreichte pünktlich die Busstation, kam ohne Probleme nach Baihe und fand das Hostel, welches ich gebucht hatte, bevor ich auch nur ahnte was, für ein Abenteuer dieser Trip werden sollte. In dem Hostel gab es auch einen Computer, den ich ohne ID benutzen konnte. Nur leider war Gmail schon wieder nicht erreichbar. Aber auf dem Laptop eines anderen Reisenden sah ich eine offene Facebookseite. Ein VPN! Das würde eine Menge Sachen deutlich einfacher machen. Ich musste nur freundlich darum bitten, den Laptop kurz benutzen zu dürfen, bevor ich endlich wieder Gmail erreichen konnte und mir die dringend benötigten Kontaktdaten auf einem alten Busticket in meinem Portemonnaie kopieren konnte. Endlich ein bisschen Fortschritt!

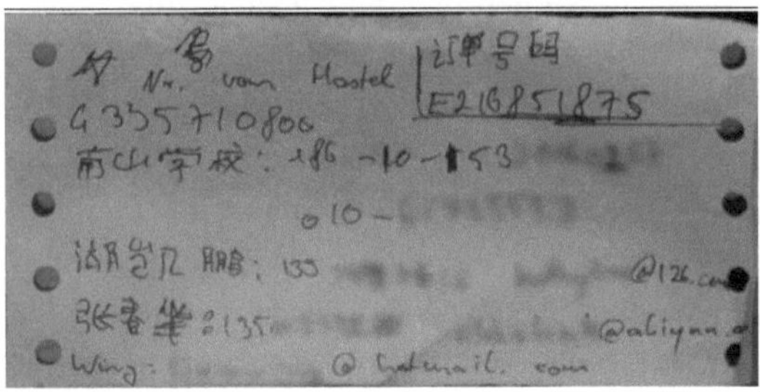

Meine Lebensversicherung. Der Zettel mit allen wichtigen Nummern und E-Mailadressen.

Nun gelangte die Reise wieder in ruhigeres Fahrwasser. Ich rief meine Chefin in Beijing an, erklärte meine Situation und ihr immer hilfsbereiter Mann überwies dem Hostel, in dem ich wohnte, mit Hilfe des chinesischen PayPals das benötigte Geld, welches mir das Hostel dann in die Hand drückte. Nun brauchte ich nur noch die Buchungsnummer für den Zug zurück. Eine Mail an die richtige Person sollte dieses Problem lösen und nun war alles nur noch eine Frage der Zeit. Endlich konnte ich tun, wofür ich ursprünglich herkam; Endlich konnte ich die Wanderung an Mt. Changbai arrangieren.

Die Wanderung selber war, nun ja, also, sehr *chinesisch*. Soll heißen: Ich wurde zusammen mit 50 weiteren „Wanderern“ in einen Tourbus gequetscht, der uns alle zusammen zu allen wichtigen Aussichtspunkten beförderte wo wir jeweils eine halbe Stunde Zeit hatten, Fotos zu machen, um Beweise für unseren Besuch dort zu haben, bevor es weiter ging. Jeder Versuch, abseits der offiziellen Wege wandern zu gehen wurde durch laute, aufgeregte Rufe, dies ja zu lassen, vereitelt. Das war etwas enttäuschend, aber leider nicht wirklich überraschend.

Von jetzt an hätte die Geschichte ruhig Richtung Ende plätschern dürfen und die Rückreise nach Beijing hätte problemlos von statten gehen sollen. Ich schrieb Mails an alle Betroffenen und kündigte meine Rückreise nach Beijing und danach nach Deutschland einen, bzw. zwei Tage später an.

Und zurück nach Beijing

Am Tag darauf waren es nur noch zwei Tage bis zum Rückflug nach Deutschland, ich war leicht erkältet, weil ich drei Nächte lang direkt unter der Klimaanlage geschlafen hatte, aber abgesehen davon eher gut gelaunt, da alle Probleme gelöst schienen. Mein

Zug verließ Baihe Xian um acht Uhr abends und würde 20 Stunden später, und damit eine Nacht vor dem Flug, in Beijing ankommen. Also schlug ich den Tag tot und fragte die Rezeption um sechs Uhr abends, wie ich denn zum Bahnhof Baihe Xian komme. Sie erklärte mir dann, dass Baihe Xian absolut nichts mit Baihe zu tun hat, sondern eine komplett andere Stadt 1.800 km südwestlich in China ist. Nun hatte ich ein wirkliches Problem. Mein Flug ging 34 Stunden später und ich war noch 1.000 km entfernt von Beijing in einer Kleinstadt die nur 15 Züge täglich verließen und die waren alle langsame Nahverkehrszüge. Und Züge auf längeren Entfernungen, und genau eine solche musste ich zurück legen, sind normalerweise Wochen vor Abfahrt ausverkauft. Jetzt wurde es eng!

Wieder einmal musste ich den Rat auf meinem elektronischen Reiseführer beherzigen. Genau genommen tat ich genau dies nicht gut genug, was mein Glück war. Denn ich redete einen guten Tacken lauter als notwendig, als ich meine Kollegin in Beijing anrief, die das falsche Ticket für mich gebucht hatte[2] und zog dadurch die Aufmerksamkeit zweier hilfreicher chinesischer Mädels auf mich. Nachdem ich ihnen mein Problem erklärt hatte, und dass ich unbedingt am Tag darauf in Beijing ankommen musste, um meinen Flug zu erwischen, fingen sie sofort an, mir dabei zu helfen die Rückreise zu organisieren.

Ich war nie zuvor so froh, Chinesisch sprechen zu können, wie in jenen vier Tagen!

Es stellte sich schnell heraus, dass der schnellste Weg zurück nach Beijing der war, den ich gekommen war: Mit dem Bus nach Changchun zu fahren und von dort den Hochgeschwindigkeitszug nach Beijing zu nehmen. Glücklicherweise gab es auch einen Bus nach Changchun am nächsten Morgen um sechs und einen Zug von Changchun am nächsten Nachmittag um vier. Nun musste ich also nur noch Tickets bekommen. In China kann man Zugtickets online buchen, wenn man eine chinesische Kreditkarte hat. Habe ich natürlich nicht. Also musste ich meine Kollegin in Beijing wieder bitten, mir ein Ticket zu buchen. Das klappte glücklicherweise problemlos. Nun werden Tickets für die Langstreckenbusse in China leider nur direkt an der Busstation verkauft, weshalb meine einzige Möglichkeit eines zu bekommen darin bestand, am nächsten Morgen früh genug aufzustehen und mein Glück zu versuchen. Netterweise sind besagte Mädels zusammen mit mir um halb sechs aufgestanden und halfen mir, noch das letzte Ticket in diesem Bus zu kaufen. Dadurch blieb es mir er-

2 Zu ihrer Verteidigung muss gesagt werden, dass ich über ihre Schulter geschaut habe, als sie das Ticket buchte und selber auch hätte nachschauen können, ob Baihe und Baihe Xian in der selben Stadt sind.

spart, den Busfahrer anzuflehen, mich doch bitte ohne freien Sitzplatz mitzunehmen und im Mittelgang auf dem Boden sitzen zu lassen.

18,5 Stunden nachdem ich an diesem Morgen aufgestanden war und nachdem ich sechs Stunden lang im Hochgeschwindigkeitszug auf dem Boden saß, weil wie erwartet alle Sitzplätze schon ausverkauft waren, kam ich endlich zehn Stunden vor Abflug an der Schule an. Alles was ich jetzt noch tun musste, war jemanden zu finden, der mich am nächsten Morgen zum Flughafen fahren konnte, denn Taxis gibt es so weit entfernt vom Stadtkern Pekings nicht.[3] Also klingelte ich einen Kollegen aus dem Bett und fragte, ob ich sein Telefon benutzen könne, um noch mehr Freunde wach zu klingeln, um jemanden zu finden, der mich zum Flughafen fahren könne. Letzten Endes fuhr mich dann der Kollege, den ich als erstes wach geklingelt hatte zum Flughafen. Das tat mir dann doch ein bisschen Leid.

Neun Stunden später gelang es mir tatsächlich, meinen riesigen Rucksack durch das Check-In zu schleusen und mein zweites Handgepäckstück als Duty-Free-Tüte getarnt an Bord des Flugzeugs zu schmuggeln.

3 Falls sie nicht mitgerechnet haben: Halb sechs plus 18,5 Stunden ist Mitternacht.

Vier Gründe, alleine zu reisen

Warum ich es inzwischen für eine verdammt gute Idee halte, alleine zu reisen

Bei der Konzeption dieses Berichts dachte ich für eine Sekunde daran, einfach 4 Namen und die dazugehörenden Geschichten zu schreiben. Denn dadurch wäre es mir sicher gelungen, die Essenz des Alleinereisens zu greifen, allerdings wäre der Bericht dann einerseits zu langatmig und andererseits auch zu persönlich geworden. Also gibt es jetzt vier richtige Gründe und die dazugehörenden Geschichten.

Auf meinen Reisen durch Taiwan im Dezember und durch Südchina im Januar und Februar war ich sowohl mit Reisepartnern unterwegs als auch alleine. Während es ganz angenehm ist, wenn man bei Bekannten übernachten kann und sich nicht allzu viel um die Reiseplanung kümmern muss, ist es auch die am wenigsten lehrreiche Art zu reisen. Also ich sage nicht, dass diese Art gar nicht lehrreich ist, sie ist nur längst nicht so spannend, wie es ist alleine zu reisen. Warum dem so ist, will ich jetzt in vier Abschnitten erklären.

Planerische Freiheit

Jeder, der schon einmal mit seinen Eltern in den Urlaub gefahren ist, und das haben die meisten von uns ja in ihrer Kindheit schon einmal gemacht, kennt diese oder eine ähnliche Situation: Während man selbst nur möglichst schnell ans Ziel will, sind die Eltern der Meinung, sich jetzt noch jede einzelne der mittelmäßigen und viel zu dicht gesäten Kirchen auf dem Weg dorthin anzuschauen, um auch ja nichts von der Kultur des jeweiligen Urlaubslandes zu verpassen.

Ähnlich erging es mir mit meiner Reisepartnerin in Hangzhou: Obwohl sie sich als nicht-gläubig[1] bezeichnet, hielt sie es für notwendig, in jeden einzelnen buddhistischen Tempel auf unserem Weg zu gehen und in jedem der Tempel auch Räucherwerk vor jeder einzelnen Buddhastatue zu verbrennen. Und buddhistische Tempel sind in Hangzhou in den touristischen Gegenden dichter gesät, als katholische Kir-

1 Wer jetzt gerade über dieses Wort gestolpert ist und dachte „Das heißt aber ‚ungläubig'“: Versucht doch bitte die Unterschiede in der Konnotierung der Wörter zu finden.

chen in Bayern und in diesen Tempeln befinden sich auch sicher mehr Buddhastatuen als gekreuzigte Jesusstatuen in einer durchschnittlichen katholischen Kirche.

Ich würde das alles jetzt nicht so detailliert beschreiben, hätte es mich nicht nach einer Weile ziemlich genervt.

Ein weiterer Nachteil des Reisens in Gesellschaft besteht darin, auf die Gruppe der Aktivitäten beschränkt zu sein, an der sich alle Reisenden erfreuen können. Und diese Schnittmenge beinhaltet vor allem Aktivitäten, bei denen das Aufwand-Spaß-Verhältnis im vornherein schon als gut abzuschätzen ist. Also auf das Betreten der ausgetretenen Pfade in Touristengegenden tagsüber und exzessiven Alkoholkonsum abends.[2]

Aber z.B. bei einer Radtour ins Ungewisse ist das Aufwand-Spaß-Verhältnis anfangs nur bedingt abzusehen. Sie kann aber damit enden, dass man auf einem quasi privat gecharterten Floß durch die schönste Landschaft Chinas dem Sonnenuntergang entgegen fährt und sich irgendwie quasi gezwungen fühlt, zur Floßspitze zu gehen und „I am the king of the world“ zu schreien, wofür man dann ein verständnisvolles Kopfschütteln der Reisebekanntschaften erntet.

Alleine ≠ Einsam

Nachdem ich das erste Mal in Taiwan alleine gereist bin, kam mir die Angst, die ich vorher davor hatte, einsam zu reisen, lächerlich unbegründet vor. Wer alleine in einem Hostel vor seinem Abendbrot sitzt, sendet im Zweifelsfalle nicht das Signal „Ich bin ein Einzelgänger, lasst mich in Ruhe“, sondern eher das Signal „Hey, ich suche noch Leute, mit denen ich morgen was unternehmen kann. Wem es ähnlich geht, der setze sich bitte dazu“, aus. Wer sozial nicht komplett inkompetent ist, wird in einem Hostel immer Leute kennen lernen, mit denen er die Zeit verbringen kann, die einem an dem Ort gegeben ist.

Im „schlechtesten“ Falle lernt man dabei nur Menschen kennen, mit denen man einen Abend zusammen in einer Bar verbringt und sich über Gott und die Welt, streng genommen hauptsächlich über weltliche Amüsements, unterhält, bis man feststellt, dass ab einer gewissen Uhrzeit in dieser Bar auch freischaffende Freudendamen auftau-

2 Kurzer Einschub des Autors über den Schreibprozess: Ich habe statt abends zuerst „im Abend“ geschrieben und ca. eine Minute auf die Konstruktion geschaut, bevor mir auffiel, warum sie irgendwie komisch ist: Nach 7 Monaten ohne wirklich Deutsch zu sprechen fällt mir nicht mehr auf, wenn eine englische Wendung einfach 1:1 ins Deutsche übersetzt wird. Okay, das hat jetzt niemanden interessiert. Egal.

chen und Händler, die ihre Stoffe erstmal zur Probe verteilen, was dann definitiv kein Grund ist die Bar zu verlassen, sondern vielmehr den Abend noch viel interessanter macht.

Oder man sitzt einfach nur für ein paar Stunden (also zwischen 5 und 40 in China) im Zug und plötzlich setzt sich jemand neben einen und fragt, in grade so akzeptablem Englisch, „Are you a foreigner?“. „Yes, I certainly am and, yes, I am happy to be an oppurtunity for you to practice your English“.[3]

Wenn man die Einsamkeit nicht aktiv sucht, hat man auf Reisen immer Gesellschaft

Selbst als ich beschloss, für circa zwei Stunden mal richtig alleine zu sein, um alleine Tashan in Taiwan zu besteigen, da meine Reisepartner nicht mehr die Kondition hatten, bis ganz nach oben zu gehen, kam jemand wortwörtlich aus dem Wald spaziert, um mir beim Aufstieg Gesellschaft zu leisten. Beim Aufstieg stellten wir unsere gemeinsames Interesse für Fotografie fest und mussten so beim Knipsen der obligatorischen Gipfelfotos nicht mehr allzu viele Worte verlieren. Wir wussten beide genau, wie man so etwas in professioneller Manier macht und welche Perspektiven die besten sind. Beim Abstieg wurde dann das gemeinsame Interesse an klassischer Musik entdeckt und ähnlich gründlich durchdiskutiert.

Wenn es besser läuft, lernt man aber Menschen kennen, mit denen man sich bis um fünf Uhr morgens im Hostel unterhält und die danach eventuell mehr über einen Wissen, als die meisten Freunde, die man schon seit Jahren in der Schule hat. Und man weiß mehr über sie. Und über sich selbst.

Der einzige Störende an all dem ist, dass man trotz all der Gelegenheiten zu üben, das „Auf Nimmerwiedersehen“-Sagen nie wirklich lernt oder es zumindest doch jedes mal wieder ein etwas trauriges Gefühl ist, Menschen die man in in zwei Tagen kennen und schätzen gelernt hat, für immer „Tschüss“ zu sagen und einander evtl. noch alles Gute für die Zukunft zu wünschen.

Neue Menschen kennen lernen

Gut, dieses Kapitel überschneidet sich jetzt ein bisschen mit dem vorigen und ich breche mit ihm ein bisschen die Ansage die ich im Vorwort gemacht habe, keine vier

3 Also der zweite Teil des Satzes war nur der Subtext, der in dieser oder ähnlicher Situation immer mitklingt.

Personen und ihre Geschichten zu beschreiben. Aber irgendwie ist es halt auch das wichtigste Kapitel. Aber es klang bereits ja schon an, dass das wichtigste am Alleinreisen die Menschen sind, die man auf dem Weg kennenlernt.

Nr. 1. (in chronologischer Reihenfolge des Kennenlernens) war ein Neuseeländer, den ich quasi eine Stunde, nachdem ich begonnen hatte alleine zu Reisen, auf der Fähre von Fuzhou nach Mazu kennen gelernt hatte. Nachdem wir uns fünf Minuten über die offensichtlichen Dinge unterhalten hatten, Name, Zweck des Aufenthalts in China, Zweck der Reise nach Taiwan, stellten wir die gemeinsamen Interessen für Musik abseits des Mainstreams und freie Software[4] fest und verbrachten zwei Stunden damit, uns über diese zu unterhalten. Danach hieß es „Auf Nimmerwiedersehen" und wir zogen beide unser Wege.

Anderthalb Wochen später trafen wir uns 200 km weiter südlich in Kenting wieder und hätten weiter fachsimpeln können. Aber wir hatten beide bereits neue Reiseabschnittsgefährten gefunden und beließen es deshalb bei einem kurzen Hallo.

Backpacker haben die Angewohnheit sich an den selben Orten aufzuhalten. Dadurch kann man Menschen ganz unverhofft in einem ganz anderen Landesteil wiedertreffen. Oder in einem ganz anderen Land

Nr. 2. wäre dann wohl Jasmin aus Malaysia. Ich hatte sie auch in dem Hostel in Kenting kennen gelernt und nach einem gemütlichen Tag am Strand mit ihr und Freunden von ihr schon auf Wiedersehen gesagt, nur um sie zufällig in Chiayi wieder zu treffen und mit ihr Alishan und Tashan zu besteigen. Und dann traf ich sie, nicht mehr ganz so zufällig, in Taizhong wieder. Und ein letztes Mal in Taibei.

Was mich an ihr auf eine komische Art fasziniert hatte war, wie „normal" sie nach westlichen Standards war. Eine normale Anzahl an Geschwistern, bei den Eltern aufgewachsen und nach dem Abschluss des Studiums erst einmal darauf bedacht die Welt kennen zu lernen, und nicht darauf aus sofort einen Job zu finden. Ebenso faszinierend war, wie sie sich mit ihren Freunden unterhalten hatte: Ein Satz konnte in Mandarin beginnen, dann war ein kantonesisches Slangwort eingestreut und geantwortet wurde darauf dann in Malay. Sie hatte nicht eine Muttersprache, sondern drei und erklärte mir, dass sei für die Chinesen in Malaysia ziemlich normal.

Die dritte und letzte Person in diesem Kapitel ist Leo aus Irland, der mir einmal mehr gezeigt hat, warum ich diese blöden Vorurteile gegenüber Amerikanern habe. Ich

4 Er war quasi schon ein Hipster, „before it was cool".

lernte ihn in einem Hostel in Yangshuo kennen und ging am ersten Tag mit ihm und zwei Typen aus den Staaten auf einen „Hike“, ich bevorzuge dafür aber den Ausdruck „ausgedehnter Spaziergang“. Er war neben mir der einzige, der es für vollkommen normal hielt, Orangen einfach von den Bäumen dort zu pflücken und auf dem Weg zu essen. Die Amis schauten uns dabei eher kritisch zu. Er hielt es auch wie alle Europäer, die ich in Yangshuo kennen gelernt hatte, für selbstverständlich Chinesisch zu lernen, wenn man in dem Land lebte und ich hatte einigen Spaß dabei, mit ihm über die Besonderheiten dieser Sprache, ihre Vorteile und ihre Defizite zu diskutieren. Er war es auch, der es für eine absolut natürliche Idee hielt, einfach mal zu schauen, ob man nicht einen Floßfahrer mit entsprechend Geld dazu bringt uns außerhalb des Fahrplans und der offiziellen Routen flussabwärts von Xingping nach Yangshuo zu fahren. Es ging, bedurfte aber einiges Verhandlungsgeschick.

Diese drei Personen sind jetzt nur ein kleiner Ausschnitt aus dem Kreis der Personen, die ich auf meinen Reisen kennen lernen durfte, und nicht einmal die wichtigsten. Aber wie gesagt, ich wollte nicht zu persönlich werden, sondern nur ein Plädoyer für das Alleinreisen schreiben.

Alte Menschen kennen lernen

So, jetzt käme dann quasi der Hippie-Anthro-Selbstfindungsteil in diesem Bericht. Denn der „alte“ Mensch, von dem die Rede in der Überschrift ist, bin ich selber. Wem sich die Frage stellt: Warum zur Hölle soll man sich beim Alleinreisen besser selber kennen lernen, als wenn man in Gesellschaft reist, dem sei gesagt: Weil man unzählige erste Begegnungen mit neuen Menschen hat und die neuen Bekanntschaften jedes mal aufgrund ihres ersten Eindrucks von einem auf einen reagieren. Und dieser verrät ja viel darüber, was sie vom Gegenüber denken.

Aussehen zählt! Hätte ich das früher mal ernster genommen...

Nun lässt sich trefflich darüber streiten, ob das nicht eine arg oberflächliche Weltsicht ist, zu behaupten man sei das, wofür andere einen halten. Zum Beispiel bin ich ganz objektiv gesehen 20 Jahre alt, und nicht wie zumeist geraten zwischen 22 und 24, abhängig davon wie lange die letzte Rasur her ist. Ich bin aber der Meinung, dass ein Mensch auch dadurch definiert wird, was sein Umfeld über ihn denkt und wofür es ihn hält. Das bedeutet auch, dass ich für jeden von euch jemand leicht anderes bin, da jeder von euch leicht andere Dinge über mich weiß und denkt.

Aber neben dem, was man in die erste Reaktion einer neuen Bekanntschaft reininterpretieren kann, aber nicht zu wichtig nehmen sollte, da es doch ungeheuer von der Tagesform abhängt[5], kann man viel mehr über sich selber in den Augen Anderer erfahren, wenn man das Glück hat und Menschen kennen lernt, bei denen man sich direkt nachzufragen traut.

Was ich dabei Neues über mich selber habe hören dürfen, ist nur schwer in eine kohärente Zusammenfassung zu bringen und die folgende ist deshalb doch eher unvollständig. Also:

Ich bin zwischen 22 und 24 Jahren alt. Ob das einfach mit meinem westlichen Aussehen zusammenhängt oder ich tatsächlich um so viel älter geworden bin hier in China, kann ich nicht sicher sagen. Vermutlich ist es beides.

Ich bin extrovertiert. Als ich dies zum ersten Mal gehört und auch selber festgestellt habe, war ich beinahe selber überrascht. Immerhin war ich es während meiner Schulzeit nicht gewohnt, eine Unterhaltung zu dominieren, wenn diese nicht wissenschaftlicher Natur war.

5 Habe ich mich mir morgens im Badezimmer etwas Zeit genommen, so ca. 5 Minuten, werde ich von Fremden mit 帅哥 („gut aussehender großer Bruder“ Eine Standardanrede für gut aussehende Fremde jüngeren Alters und männlichen Geschlechts in China) adressiert. Aber an Tagen, an denen ich direkt aus dem Bett in die Klamotten des Vortages geschlüpft werde ich mit 小伙子 („junger Mann“ Eine das Aussehen höflicherweise nicht wertende Anrede für unbekannte junge Männer im Chinesischen) angeredet.

Änderungen

Was ich glaube, aus einem Jahr in China mitgenommen zu haben

Wohl wissend, dass ich mich hiermit an eine Herkulesaufgabe herantraue, entschied ich mich, das Unmögliche zu versuchen und will versuchen zusammenzufassen, was ich aus einem Jahr in China mitgenommen habe. Bitte entschuldigt, dass dieses Resumée naturgegeben unvollständig ist. Dennoch war es mir ein Anliegen, diesen Beitrag zu schreiben, um alle jüngeren Leser meines Blogs zu ermutigen zu tun, was ich gewagt habe.

Zahlen

Okay, lasst mich mit dem einfachen Teil beginnen. Lasst mich versuchen, in Zahlen auszudrücken, was ich in China gelernt und erlebt habe. Lasst mich mit der grundlegendsten aller Zahlen beginnen. Mit der Nummer eins. In der Welt.

Erstens

- Ich war im ersten Land der Welt, bezogen auf die Bevölkerung: China
- Ich war in der ersten Stadt der Welt, hinsichtlich der Einwohnerzahl: Chongqing[1].
- Ich war in der ersten Stadt der Welt, nach der Anzahl der Wolkenkratzer.: Hongkong.

  Nun ja, diese Versuche, die Nummer eins als Kardinalzahl in Sätze zu zwingen, klingt nicht wirklich elegant. Ich würde sagen Superlative zählen auch.

- Ich war im dünnst besiedelten Land der Welt: Die Mongolei
- Ich war auf dem größten öffentlichen Platz der Welt: Auf dem Tiananmen Platz
- Ich war wandern an beiden, dem südlichsten schneebedeckten Berg der nördlichen Hemisphäre (Yulongxueshan in Yunnan) und dem höchsten Kratersee der Welt nahe der nordkoreanischen Grenze.
- Ich war der erste Ausländer in einem kleinen Dorf in Shanxi.
- Ich habe das leistungsfähigste Kraftwerk der Welt gesehen, den Dreischluchtendamm am Yangtse.

1 Auch wenn das stark davon abhängt, wie man die Bevölkerung einer Stadt misst.

Größere Zahlen

- 8 kg extra Hüftgold. Das ist nicht meine Schuld, sondern Schuld des chinesischen Essens.
- 22: So viele neue Stempel konnte ich in meinem Reisepass sammeln
- 242: So viele Stunden verbrachte ich in chinesischen Zügen auf meinen Reisen.
- 972: So viele chinesische Zeichen konnte ich bis Ende des Jahres lesen.
- 28.500: In etwa so viele Wörter ist dieses Buch lang.
- Zu viel: Geld habe ich auf meinen Reisen ausgegeben[2]

Soft skills

Der erste Teil war ja noch einfach zu schreiben. Nun geht es weiter mit Ernsterem, mit der Frage: Was habe ich ihn China erhalten, außer extra Hüftgold?

(optische) Reife: Diesen Punkt kann ich selber weder bestätigen noch leugnen. Es ist aber einfach so, dass einige meiner Freunde und Kollegen in China darin übereinstimmen, dass ich im vergangenen Jahr zumindest optisch ein gutes Stück gealtert bin. Manche gingen so weit zu behaupten, ich kam an als Junge und ging als Mann. Was auf jeden Fall wahr ist, ist die Tatsache dass junge Kinder mich zu Beginn meines Aufenthalts mit 哥哥/älterer Bruder, einer Anrede für ältere männliche Personen der selben Generation, anredeten, ich gegen Ende des Jahres aber von jungen Kindern auch zunehmend mit 叔叔/junger Onkel, einer Anrede für junge männliche Personen der Elterngeneration, angeredet wurde. Das bedeutet, dass ich zumindest in den Augen der Kinder eine ganze Generation gealtert bin. Nun bleibt nur noch eine Frage übrig: Ist dies nur aufgrund eines ganz normalen, biologischen Alterungsprozess oder aufgrund meines ungesunden Lebensstils, den ich aufgrund zu billiger (legaler) Drogen geführt habe?

Ich alterte eine ganze Generation. Aus einem großen Bruder wurde ein junger Onkel

Gelassenheit: In einem Land zu leben, in dem sehr viele Dinge sich sehr von den Dingen zu Hause unterscheiden, kann sehr stressig sein. Oder man ignoriert bewusst den kleinen Mann im Kopf, der alles kommentiert mit Worten wie „Wie kann man

2 Also einige dieser Zahlen sind nur halbwegs genaue Schätzungen. Z.B. die Anzahl an Stunden, die ich in Zügen verbrachte.

sich nur so verhalten? Das ist doch so was von unzivilisiert!". Dafür entschied ich mich und begann, China mit all seinen Seltsamkeiten notgedrungen zu akzeptieren und begann auch manche davon zu lieben. Rote Ampeln als Fußgänger ignorieren, wenn kein Auto kommt? Mag ich! Niedrige Nahrungssicherheitsstandards? Irgendwo muss der großartig günstige Preis ja herkommen! Copyright ignorieren? Deutlich besser als die Nachricht „Dieses Video ist in ihrem Land nicht verfügbar". Ich versuchte, nach diesen berühmten und bereits zu oft zitierten Sätzen zu leben

Herr, gib mir die Kraft, Dinge zu ändern die ich ändern kann,
Dinge hinzunehmen, die ich nicht ändern kann
und die Weisheit, das eine vom anderen zu unterscheiden.

und entschied: Im Zweifelsfalle gehören Dinge in China zur zweiten Kategorie. Dies machte meinen Aufenthalt in China deutlich weniger stressig, als er sonst hätte sein können. Mir sind auch einige Ausländer in China begegnet, die nicht die Gelassenheit hatten, Chinas Seltsamkeiten zu akzeptieren und darüber beinahe verrückt wurden.[3] Jetzt habe ich nur ein bisschen Angst, dass ich zu gelassen nach Deutschland zurückkehre und zu viele Dinge in die zweite Kategorie einordne, obwohl ich sie eigentlich ändern kann.

Unabhängigkeit: Ich kann nicht wirklich behaupten, ich hätte in China gelernt, vollkommen unabhängig von der Hilfe anderer zu Leben. Im Gegenteil, vermutlich war ich dort abhängiger von der Hilfe meiner Freunde und Kollegen als ich abhängig von der Hilfe meiner Familie war in Deutschland (abgesehen von finanziellen Problemen natürlich, da war ich immer noch von der Familie abhängig). Aber plötzlich war ich des warmen Nests, genannt Familie, beraubt. Plötzlich gab es niemanden mehr, der moralisch verpflichtet war mir zu helfen. Lediglich ein paar Menschen die vertraglich verpflichtet waren, mir bei den wichtigsten Notwendigkeiten zu helfen. Dies bedeutete aber, Hilfe würde nicht kommen, wenn ich sie brauche. Ich würde sie suchen und wissen müssen, wen ich darum bitten kann. Des weiteren waren die Herausforderungen, die ich in China zu meistern hatte, nicht vergleichbar mit den Problemchen, die mir ein Schülerleben in Deutschland gestellt hatte. Als bestes Beispiel dafür dürften wohl meine Abenteuer am Mt. Changbai herhalten. Obwohl ich dort nicht alle Probleme selber lösen konnte, war ich doch von meiner Fähigkeit abhängig, schnell die richti-

Plötzlich war ich des warmen Nests, genannt Familie, beraubt. Das Leben hatte begonnen.

3 Nun ja, vielleicht war auch ich der Verrückte. Aber das ist ja alles bekanntlich ganz objektiv.

gen Menschen zu finden, die mir helfen können und meiner Fähigkeit, diese zu überzeugen, mir zu helfen. Ich war sehr froh, dass China mich erst am Ende des Jahres, als ich bereits genug Gelegenheiten gehabt hatte dieses Land kennen zu lernen, vor diesen ultimativen Test gestellt hat.

Selbstbewusstsein. Bereits im Vorbereitungsseminar in Deutschland wurde mir klar, dass ich in der richtigen Umgebung durchaus selbstbewusst und geistreich sein kann. Und je mehr ich alleine reiste, desto mehr wurde ich dazu gezwungen. Zumindest, wenn ich Gesellschaft haben wollte und meistens hasste ich Einsamkeit. So kam es dazu, dass ich eines Abends alleine eine Bar in Beijing betrat, in der Absicht einen netten Abend mit interessanten Menschen zu genießen. Nur kannte ich niemanden in der Bar. Also ich ging zum erstbesten Tisch, der von nett aussehenden Ausländern umgeben war, und fragte, ob ich mich dazu setzen darf. Ich durfte und hatte eine tolle Zeit mit ihnen. Erst danach fiel mir auf, dass ich beinahe gar nicht zögerte, als ich zu dem Tisch ging, um zu fragen, ob ich mich dazu setzen darf. Nun muss ich nur noch lernen, wie ich dasselbe bei Mädchen mache...

Nun beende ich diese Aufzählung meiner in China neu gefundenen Qualitäten und überlasse den Lesern, die mich kennen, zu überlegen, was ich in China noch so erhalten habe. Es ist leider nicht allzu einfach, selber zu reflektieren, wie man sich innerhalb eines Jahres verändert hat. Dies zu erkennen, ist doch viel einfacher für Menschen, die nicht die ganze Zeit dabei waren.

Printed by Books on Demand GmbH, Norderstedt / Germany